때로는 잘못 탄 기차가
목적지에 데려다주기도 하니까

Boarding Pass

LUFTHANSA

Name
BAK/JIHYE MRS Carrier Flight LH 1181 Class V

OPO
FRA

011D   LH 11

LHP   M/M
MAX 1 HANDGEPAE

Please be at the gate at boarding time, otherwise
Wir bitten Sie, zur Boardingzeit am Gate zu sein, a
Afin de ne pas perdre votre place à bord, veuillez

Austrian   brussels AIRLINES   Lufthansa

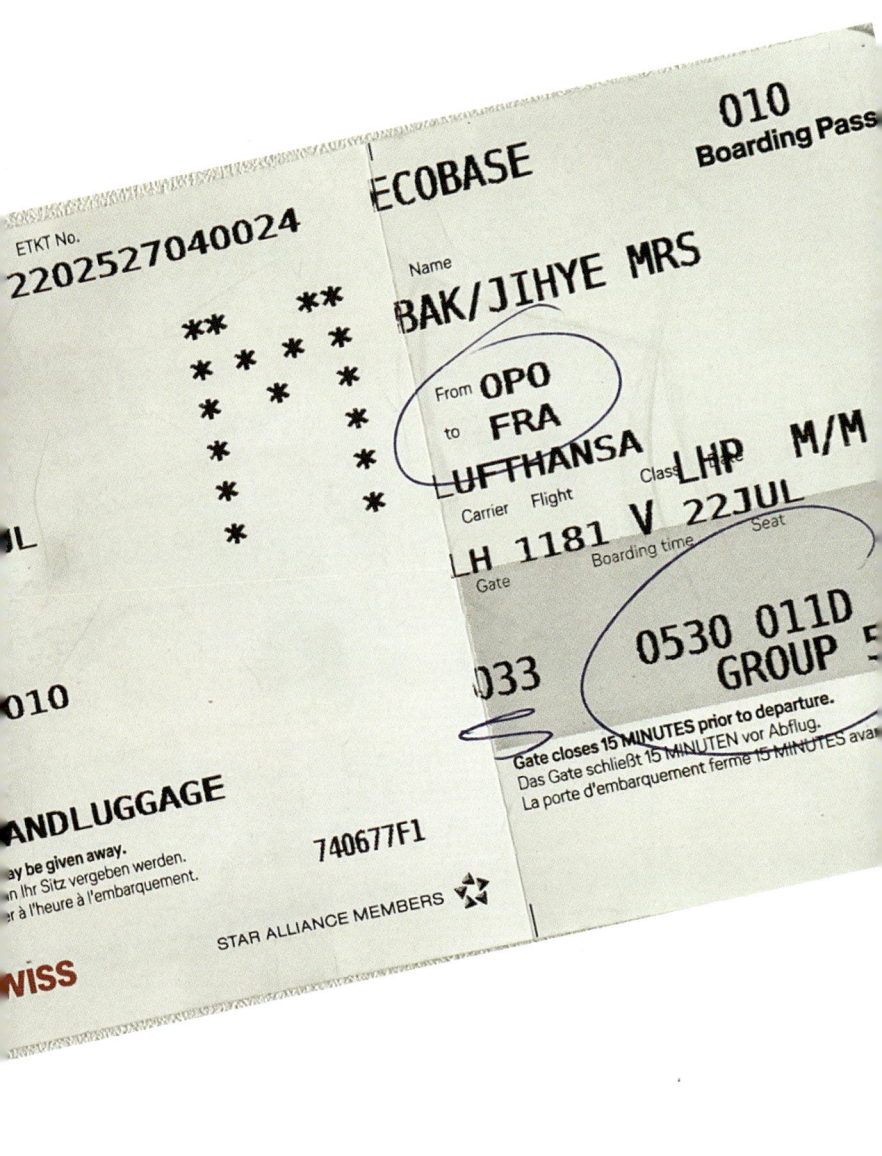

때로는 잘못 탄 기차가
목적지에 데려다주기도 하니까

진주언니

Contents

프롤로그 **26**

어디서부터 잘못된 걸까 **39**

우리의 이혼 후 진주는 3일동안 문 앞을 지켰다 **52**

루프트한자, 느낌이 영 별로다 **63**

파란색 잠옷, 리스본 길거리 **78**

알바생 승규, 승무원 승규 **92**

이혼하고 나니 엄마가 보였다 **116**

할머니의 파스퇴-르 우유 **133**

포르투 단골집 **143**

96년생 이재훈 **151**

에그타르트 7개 **163**

180 성식아 그게 사랑이야

196 나는 할머니가 싫다

210 그녀의 도자기 그릇

226 누나들은 주변에 돌싱 있어요?

246 엄마도 엄마가 그리운 날이 있다

256 1주년 이혼 기념일

279 실패 아님! 절망하지 마!

298 남들처럼, 남들 다 하는, 남들만큼만

310 에필로그

314 진짜 에필로그

CP - Comboios de Portugal, E.P.E.

Calçada do Duque 20
1249-109 Lisboa
NIF: 500498601

Talão Carregamento nº: 2816/112066
Factura Simplificada nº: FS FS 2816/367445
Data: 2024-07-16 10:41:32
Local: Porto São Bento
Equipamento: PVA6 - Porto São Bento (D29068)
Turno Nº: 2816-4235
Operador: 9303082

Nº Contribuinte: Consumidor Final

Produto   Qt.   Val.Liq.Unit.   Val.Liq.Total

Bilhete Simples Inteiro (UP) Porto São Bento/Aveiro
           2   € 3,80   € 7,60

Total (IVA a 6%):   € 7,60

Forma Pagamento: Cartão de Débito
Este título só é válido após validação.
Contrato nº: 3034001248204436162
Suporte nº: 1303094325810636
Nº de zonas: 9

Para compras efetuadas nas bilheteiras, em caso de
devolução ou troca é obrigatória a apresentação do
cartão bancário utilizado.

RE6w-Processado por programa certificado n.º2332/AT

Muito obrigado pela sua preferência
É Obrigatória a entrega deste documento em caso de
avaria

Linha de Apoio ao Cliente - 808 109 110
(custo de uma chamada para a rede fixa nacional)

www.cp.pt

Descarregue gratuitamente a App CP.

4.20.1.12

JFVJH24G-367445

프롤로그

 어려서부터 지는 걸 싫어하는 성격은 지금도 여전하다. 자존심이 센 건지, 인성이 못돼 처먹은 건지 지는 게 너무 싫었다. 그런 내가 최근 어처구니없는 패배를 경험했다. 그건 김나영 씨 유튜브를 보다가였다. 김나영 씨가 연예인들을 집으로 초대해 인터뷰하는 코너였는데, 그 내용을 옮겨보자면 이렇다.

 (글로 옮기는 바람에 그들의 웃픈 표정을 표현할 길이 없어 내내 아쉽지만 옮겨본다.)

김나영 : 언니, 시간을 돌릴 수 있다면
　　　　다시 결혼을 하실 건지 궁금합니다.
홍진경 : 어..
(숙연. 웃음을 참는 김나영과 홍진경)

홍진경 : 너 결혼할 거야? 너부터 말해봐
김나영 : 저요? 어떤 결혼이요.
홍진경 : (ㅠㅠㅋㅋㅋ)
김나영 : 언제 적 결혼.. (ㅠㅠㅋㅋㅋ)
(웃음을 참지 못하는 김나영과 홍진경)

　김나영은 거의 울다시피 웃음을 터뜨리다가, "이건 없었던 걸로 할까요?"라며 상황을 수습한다. 이들의 대화를 보다 어찌나 웃었는지. 한참을 웃다가 잠시 멈췄다. 한 5년 전이던가. 김나영 씨가 화장기 없는 얼굴로 이혼을 고백했던 날이 떠올랐으므로. 안 그래도 마른 사람이 더 빼쪽 말라져서는, 두 아들과의 새 삶을 알리며 죄송해하던 동영상이 다시 선명해졌으므로.

　참 사는 게 그렇다. 다들 살다 보면 별일 아니라고, 더 좋은 날 온다며 날 위로했는데, 나는 죽어라 반항만 했다. 그딴 진리는 있지도 않으며, 있다 한들 나만 쏙 피해 갈 거라며 불행을 자처하던 날들이었다.

이 세상에서 내가 제일 불쌍하다는 생각에 빠져서는 나의 감정들을 정당화하고, 지나가는 사람마다 나를 이긴 것만 같아 혼자 성내곤 했다. 위로로 다가오는 이들에게 냉소를 퍼붓고 치졸했으며, 꼭 쉽게 말하는 것만 같아 열폭했던 그런 날들이 있었다. 그야말로 참 부끄러운 날들이었다.

모쪼록 그 진리와 고집 사이에서 호기롭던 나는 1년 만에 졌다. 저들의 대화가 웃기다며 엄마에게 깔깔대는 날이 벌써 온 것이다. 이제 나는 남자 친구는 있냐는 질문에 한 번 갔다 왔다는 말로 너스레를 떨기도 하며, 매주 목요일 밤이면 돌싱글즈 틀어놓고 울고 웃기도 한다. 살다 보니 그 지독했던 여름밤도 시시해졌다. 이젠 그걸로 죽네 사네 했던 내가 더 별일이 되었으니, 정말로 지고야 말았다.

벌써 두 번의 여름이 지나간다. 오늘도 진주는 산책하러 가자며 베란다만 바라보고 있고, 그 너머로 두부 파는 트럭 아저씨 소리가 요란하다. 언제 봐도 귀여운 저 뒷모습에 나는 오늘도 쉽게 행복해진다. 비로소 가을이다.

ps. 언젠가 김민식 PD의 강연을 들은 적이 있다.

"한 연습생이 원래 대형 기획사에서 아이돌 그룹 데뷔를 하려고 했는데요. 멤버로 발탁되지 못했어요. 하는 수 없이 가요 프로그램이나 진행하는데, PD 눈에 들어와 '논스톱' 여주인공으로 발탁된 게 장나라예요.

또 다산 정약용 선생은 유배지에서 작가가 됩니다. 기왕에 유배지에서 시간을 보내야 한다면 책을 쓴 거죠.

살다 보면 그런 때가 와요. 난 누구인가, 또 여긴 어디인가? 기차를 잘못 탔다면, 어떻게 해야 할까요? 먼저 주위 사람들에게 친절하게 대해야 해요. 엉뚱한 기차를 탄 나 때문에 모두를 불편하게 만들 필요는 없잖아요. 웃으며 인사를 나누고, 즐거운 여행의 동반자가 되는 거지요.

기왕에 잘못 탄 기차, 느긋하게 창밖 풍경을 감상하며 가는 편이 나을지도 몰라요. 그 기차 여행에서 새로운 인연을 만날 수도 있고, 뜻밖의 풍경을 만날 수도 있으니까요.

배우가 되기 위해, 순위 소개를 하는 건 아니에요. 작가가 되기 위해 유배지 발령을 자원하는 사람도 없고요. 하지만 때로는 잘못 탄 기차가 목적지에 데려다줍니다."

이 말이 아직도 생생하다. 이혼하기 위해 결혼을 하는 사람은 분명 없을 것이다. 그러나 내 때 묻은 일기 몇 쪽과 사진 몇 장이 오늘 책으로 나오기까지, 잘못 탄 기차가 한몫했다는 건 부정할 수 없는 사실이다.

그저 살면서 가끔, 어쩌면 자주. 잘못 탄 기차를 추억할 수 있는 이들이 읽어준다면, 멋진 풍경이라도 함께 하고픈 마음이다.

2024. 9. 16. 14:42,
사랑을 담아, 지혜.

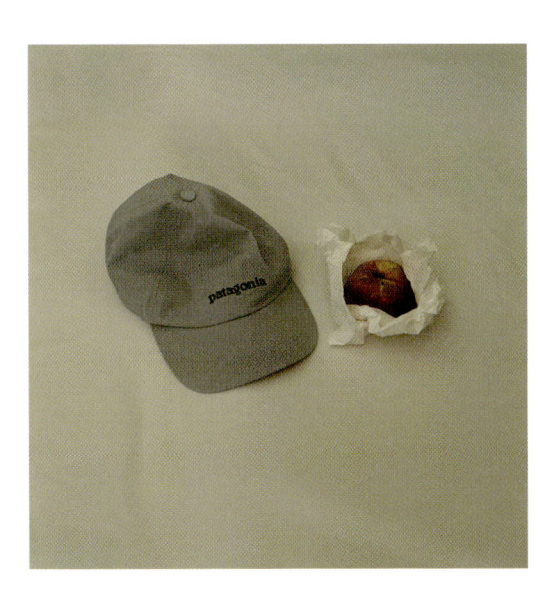

어디서부터 잘못된 걸까

　고등학교에 입학한 나는 처음으로 사랑에 빠지는데 그 상대는 영어 선생님. 시골 마을에서 할머니, 할아버지랑 살아와 그 흔한 '윤 선생님'조차 몰랐던 나는 그냥 영어 교과서를 외워버렸다. 요즘은 영어 유치원이라는 것도 있다는데 난 영어라면 투니버스밖에 모르던 때였다. 그런 내가 교과서를 외웠다니, 사랑에 단단히 빠졌던 거다. 무튼 결과는 전교 5등. 뒤에서 5등이던 내가 앞에서 5등을 하니 선생님들의 관심이 한 번에 몰렸다. 칭찬은 고래도 춤추게 한다더니, 그렇게 나의 공부 인생이 시작되었다.

경찰이라는 꿈이 처음부터 확고했던 건 아니었다. 아빠의 사업이 몇 번 기울었던 터라, '난 절대 사업은 안 해야지. 월급 따박따박 들어오는 공무원이 될 테야.'라는 생각 정도였다. 그렇지만 내가 아는 공무원이라곤 금산군청이 전부였고, 어린 내 눈에 금산군청은 그다지 매력적으로 다가오지 않았다. 공무원이면서 지루하지는 않고, 좀 멋진 거 없나 하다 찾은 게 경찰이었다. 안 그래도 코난을 좋아했는데 이거다 싶었다.

그날로부터 생활기록부 장래희망 칸은 3년 내내 '경찰'이 적혔다. 아직 경찰이 된 것도 아니면서 그 단어 하나 써서 내는 것만으로도 왜 그리 으쓱해졌는지 모르겠다. 무튼 그렇게 나는 2015년 12월 24일, 진짜 경찰이 되었다.

'경기도 또 하나의 자랑, 경기청 가족이 된 것을 환영합니다.' 이 합격 문자는 아직까지도 줄줄 욀 수 있다. 눈이 펑펑 내리던 12월 24일 아침 8시 반, 긴장한 탓에 면접 때도 안 마셨던 우황청심원을 마셔본 날. 토할 것 같아 화장실을 들락날락하던 날. 우리 할머니 생일이라 온 친척들이 우리 집에 모여 말도 못하게 부담되던 날. 할머니 생일상에 죄 없는 미역국만 말라가던 날이었다.

그러다 '징-'하고 울리는 합격 문자에 온 가족이 웃음을 찾은 그날을 잊지 못하겠다. 누구보다 내 소식이 궁금해, 나보다 떨고 있을 엄마에게 전활 걸어 "엄마! 나 박 순경이야!" 하며 소리 지르던 그날을 정말 잊지 못하겠다.

― 2015/12/24(목) ―

[Web발신]
합격을 축하합니다. 경기도 또 하나의 자랑, 경기청 가족이 된 것을 환영합니다.

오전 8:31

그리고 시간이 흘러 2022년 6월, 햇수로 7년 차. 스물아홉의 나는 직장 동료를 만나 결혼했고, 그다음 해 이혼했다. 어디서부터 잘못된 걸까. 무탈하게 지내오던 내가 직업에 대해 처음으로 회의감을 가져본 시기였다. 부부 경찰이었던 우리가, 저 날의 합격 문자만 아니었다면 만날 일 없지 않았을까. 나는 왜 하필 그 부서에서 근무하고 있었으며, 너는 왜 하필 같은 부서 실습생으로 왔을까. 참 의미 없는 물음표들이 시도 때도 없이 나를 괴롭히곤 했다.

 정말 많이도 울었다. 하루는 대낮에 주차를 마치고는 밤까지 울었다. 불현듯 찾아오는 자책과 증오에 빠져 밤이 되었는지도 모르고 그러고 있었다. 또 어떤 날에는 편의점에서 맥주 고르는 부부를 바라보다가 울었다. 파자마 바지에 슬리퍼 차림으로 안주 고르던 뒷모습이 우리에게도 있었으므로. 그 별거 아닌 일상이 참 별거처럼 느껴졌으므로. 지금 생각하면 대수롭지 않은 것들이 그땐 나를 참 많이도 울렸다.

 이 글을 적다가, 오랜만에 클라우드를 열어 2016년 사진들을 구경했다. 지금은 바뀐 하얀색 제복을 입은 내가 있다. 나만 느낄 수 있는 제복의 빳빳함도 보인다. 장롱면허였던 내가 첫 운전을 하고 신났던 날. 동기 언니들에게, "언니들, 오

른쪽이 브레이크 맞지?"라고 물었다가 언니들이 다 내릴뻔한 그날. 사진 속에서 그때의 웃음소리가 들리는 것 같아 한참을 바라봤다.

  이 소중한 시절을 부정하려 했던 내가 밉기도 하고, 나를 이런 생각에 빠지게 한 그 녀석도 한 번 미워해 보고. 이럴 거면서 한평생을 약속한 그 녀석을 두 번 세 번쯤 더 미워하다가도 사진 속 나를 보면 픽 웃음이 나고. 그 시절 내가 귀엽고 또 가여워 모든 게 누그러지는 그런 날이다.

  아무튼, 살아보니 다 지나간다. 안 갈 것 같은 시간도 이미 저만큼 가 있다. 죽네 마네 하던 것들도 시시해지는 날이 오고, 꽤나 심각했던 고민들도 평범하다 못해 세상 유치해지는 날도 온다. 정말 다 지나가기 마련이다.

아무리 마음이 아파도 뒤돌아보지 마세요.
정말로 뒤돌아보고 싶다면 터널을 완전히 벗어난 뒤에야 돌아서서 보세요.
치희로가 마침내 부모와 함께 새로운 삶의 단계로 발을 디딜 수 있었던 것은
터널을 통과한 뒤에야 표정 없는 얼굴로 얼굴로 그렇게 뒤돌아본 이후가 아니었던가요.

– 터널을 지날 때, 이동진 평론가 네이버 블로그 '언제나 영화처럼' –

우리의 이혼 후,
진주는 3일동안 문 앞을 지켰다

내일 포르투갈로 떠난다. 운 좋게 지원금이 생겨 책을 만들어 볼 기회가 생겼다. 그것도 포르투갈 여행 에세이. 내가 좋아하는 여행을 하며 책도 낼 수 있다니. 마냥 기쁠 줄 알았던 포르투갈 여행인데, 지금 나는 긴장과 예민의 끝을 달리고 있다. 어떤 글을 써야 하지, 사진을 어떻게 찍어와야 할까, 영상도 담아와야 하는데 나 혼자 할 수 있을까.

면접에서 이혼하고 떠난 포르투갈 여행기를 쓰겠다고 해서 뽑히긴 했는데, 단지 이혼이란 주제로 어필하고 싶지는 않고, 그렇다고 이 소재를 빼자니 할 말이 없고. 이혼이라는 단어가 내게는 참 익숙하고 다정해졌는데, 여전히 누군가에게는 호기심과 놀라움의 대상이라는 게 가슴 한 켠 씁쓸하기도 하고.

  아직도 작년 뉴욕 여행 캐리어를 열어본 적이 없다. 게으른 성격 탓에 수하물 스티커까지 그대로 붙어 있다. 이제는 정말 포르투갈 짐을 싸야 하는데. 오늘 야간근무를 출근하고 내일 퇴근하며 공항으로 가려면 진짜 이제 싸야 하는데, 내내 마음만 싱숭생숭하다.

  이렇게 헛헛한 속에 진주마저 없다. 이혼하고 시끄러운 마음에는 항상 진주가 함께 했다. 눈뜨자마자 눈물이 날 때, 텅 빈 거실이 너무 조용해 못 견디겠을 때, 이따금씩 아이폰 알람으로 과거 사진이 불쑥 뜰 때, 아무것도 모르는 친구로부터 잘 지내냐고, 요즘 왜 이리 뜸하냐는 연락이 오곤 할 때. 그럴 때면 내 옆엔 항상 진주가 있었다.

이제 정말 포르투갈 짐을 싼다. 현관문 앞에 캐리어를 펼쳐 두고 이것저것 대충 담아보는데, 펼쳐진 은색 캐리어가 마치 진주로 보여 동작을 멈췄다. 여행동안 할머니 집에 맡기고 온 진주가 여기 있을 리 없는데 정말 진주로 보였다. 이제야 이렇게나마 말하지만. 너와 모든 걸 정리하고 너를 미워하지 않으려 노력했지만, 도저히 용서가 되지 않는 날이 있었다. 네가 나간 현관문 앞에서 진주가 삼일 밤낮을 웅크려있던 날들이 그랬다.

"진주야, 이리 와." 해도 듣지 않았고, 택배 아저씨 걸음마다 귀를 쫑긋거리던 진주는 삼 일 후쯤에야 내 곁에 와 잠들곤 했다. 정말 너를 미워하지 않으려 노력했지만, 그게 잘 되지 않는 그런 날들이었다.

오늘은 진주마저 없다. 이 요란한 마음을 진주와 걸으며 날려버리곤 했는데, 오늘은 같이 걸을 진주마저 내 옆에 없다.

ps. 짐을 잘 챙긴 게 맞는지, 뭔가 잊은 건 없는지 생각하다가 괜히 또 할머니에게 전화를 건다. **"할머니, 진주 뭐 해?"** 이제 모든 게 제자리를 찾아가는데, 진주를 생각할 때면 아직도 네가 미워지는 날이 있다. 나는 다시 돌아올 건데, 진주가 또 삼일 밤낮 기다리면 어떡하지.

저마다 강아지들과 함께였다.
우리 진주는 뭐 하고 있을까, 나도 자꾸 진주 생각이 났다.

저 리트리버는 한시도 눈을 떼지 않고 기다렸다. 잘 기다리다가도 한 번씩 "월!" 하고 짖었는데, 이 정도 하면 밥 좀 주겠지 싶어서나 보다.

그 모습이 너무 귀여워 한참을 보다가, 나도 진주랑 유럽을 여행하는 날이 올까 문득 궁금해졌다.

Getränke
Mineralwasser
Erfrischungsgetränke
Sekt
Rot- und Weißwein
Deutsches Bier
Spirituosen
Saisonale Cocktail-Spezialität
Kaffee
Tee

Beverages
Mineral Water
Soft Drinks
Sparkling Wines
Red and White Wines
German Beer
Spirits
Seasonal Cocktail Specialty
Coffee
Tea

음료
미네랄 워터
탄산 음료
스파클링 와인
레드 와인, 화이트 와인
독일 맥주
위스키
시즌 칵테일
커피
차

사탕

요

비행기가 흔들려서
한 석을 못 준대요
이건 우리 선물 이래요

루프트 한자, 느낌이 영 별로다

2024년 7월 10일 13시 8분, 인천공항 41번 게이트. 루프트 한자와의 느낌이 영 별로다. 내가 사자마자 항공권 가격이 내려가질 않나, 체크인 때도 이것저것 삐그덕거리더니 아무튼 영 별로다.

이번에는 독일을 들러 포르투갈로 간다. 10시간 넘는 비행이라 최대한 편하게 가고 싶은 마음이지만, 비즈니스 석을 지나 점점 좁아지는 좌석이 나오면 내 자리겠지. 키 작은 나한테도 이렇게 좁으면 독일인들은 어떻게 탄다는 거야. 혼자 구시렁거렸다. 어제 야간 근무 때문인지, 떨림보다 피곤함이 몰려온다. 일단 자야지.

2024년 7월 11일 00시 45분, 리스본 호스텔 공용 거실에 앉아서 마저 적어본다.

운 좋게 세 자리 좌석 중 하나가 비었다. 어떤 할아버지와 나 사이에 한 칸이 비어서 예상보다 여유로운 비행이 된 것이다. 할아버지는 나를 보시더니 빵긋 웃어주신다. 손짓과 함께 뭔가를 말씀하시는 것 같은데 여전히 웃음은 잃지 않으신다. 요즘 세상에 이런 대가 없는 미소가 있나 싶어 의아한데, 일단은 나도 같이 웃는다.

그 순간 어색함을 깨는 승무원의 한마디, **"할아버지께서 귀가 잘 안 들리시고, 말씀을 못 하세요."**

할아버지와 나는 그때부터 빈 수첩에 연필로 적어 가며 대화했다. 할아버지가 처음 건넨 말은 **'무었니던 (음식) 선생님께서 주시는대로 저는 먹겟읍니다 감사합니다'**였다. 저 글자를 미리 적어두시고는 방해되지 않는 타이밍에 어렵사리 내미신 듯했다.

할아버지는 매 순간 다정하고 친절했다. 홀로 북유럽 여행을 떠나신다는 할아버지가 너무 멋져 놀랍다가도, 군데군데 틀린 할아버지의 맞춤법에서는 사람 냄새가 나 이내 편안해졌다. 동시에 마음이 찡해 눈물이 날 것 같은 건 뭐라고 설명하지 못하겠다. 매 순간 누군가에게 수첩으로 질문하며 여행할 할아버지일 텐데, 누군가 무례하게 굴면 어쩌지 싶고.

착륙 시간이 다 다라 아쉬움을 뒤로하고 짐을 챙기려는데, 할아버지가 급히 수첩을 꺼내시더니 무언가를 적어주셨다.

'하늘에서 조각구름이 맞나는 인연'

루프트 한자와의 느낌이 영 좋다.

너무 즐거운 여행의
시작이네요!

행복합니다
감사해요!

○○도 즐겁게

비행해요!

ㄴ하늘에서
조각구름이
맞나는 인연

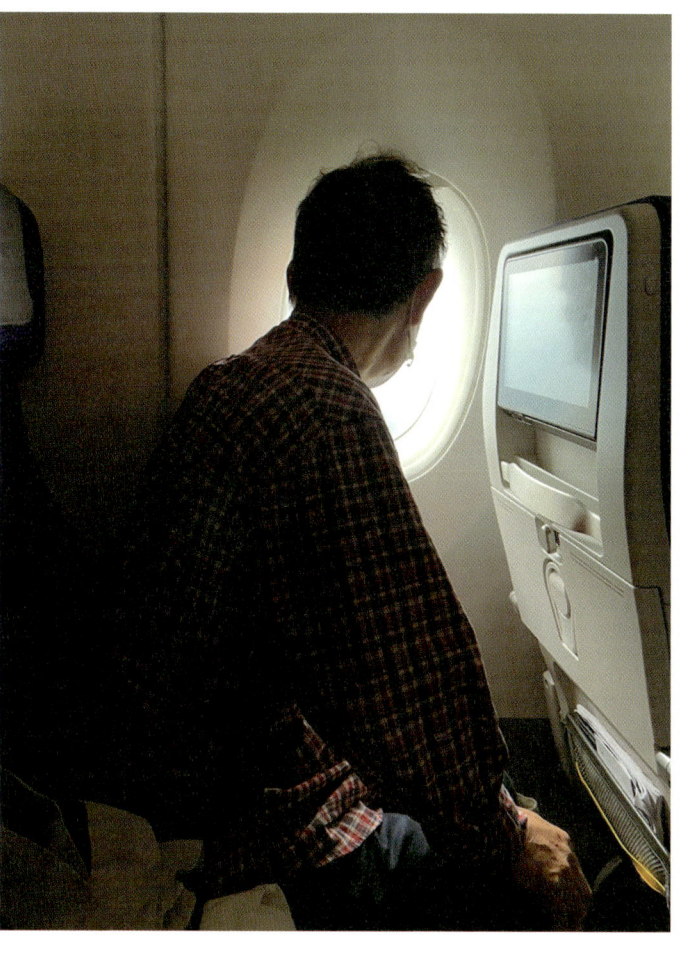

ps. 비행기를 내리려는데 루프트한자 승무원들이 우리에게 다가와 박수를 쳤다. 우리가 오늘의 베스트 승객이라며 작은 선물과 함께.

숙소에 앉아 할아버지가 찢어준 종이와 선물을 열어보다 할아버지 생각이 난다. 할아버지는 지금쯤 코펜하겐에 잘 도착하셨을까.

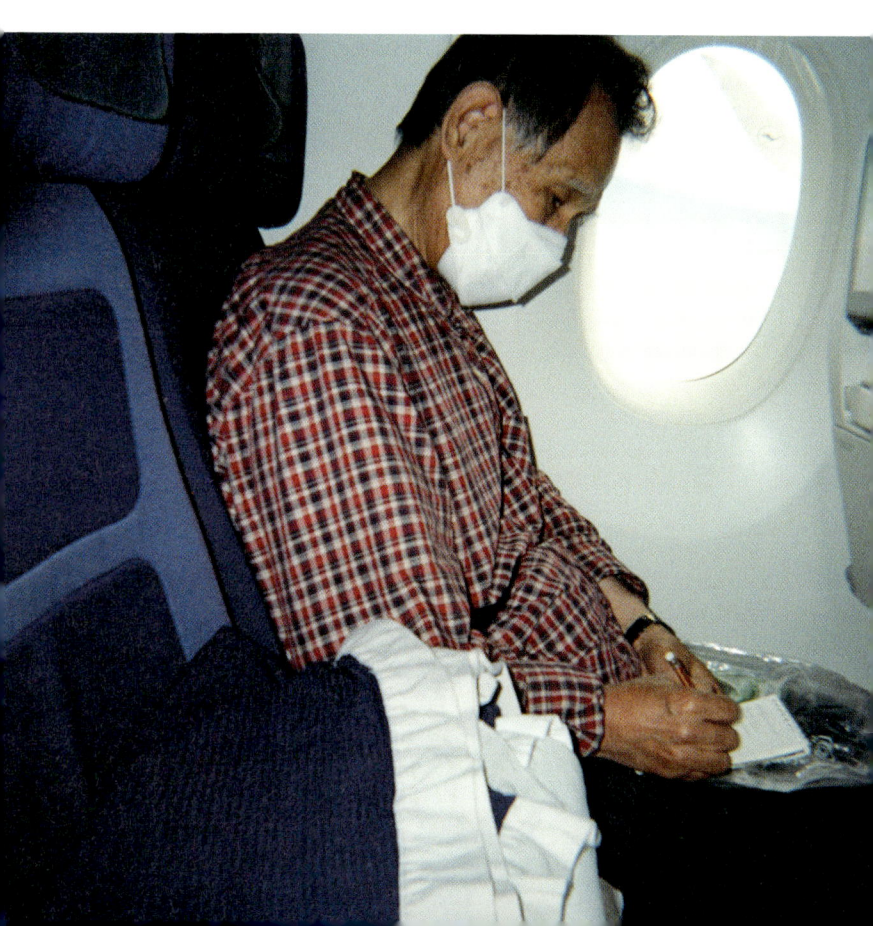

무었니던(음식)
선생님께서
주시는 대로
저는
먹겠읍니다
감사합니다
광주전남기자협회
GWANGJU JEONNAM JOURNALISTS
ASSOCIATION OF KOREA

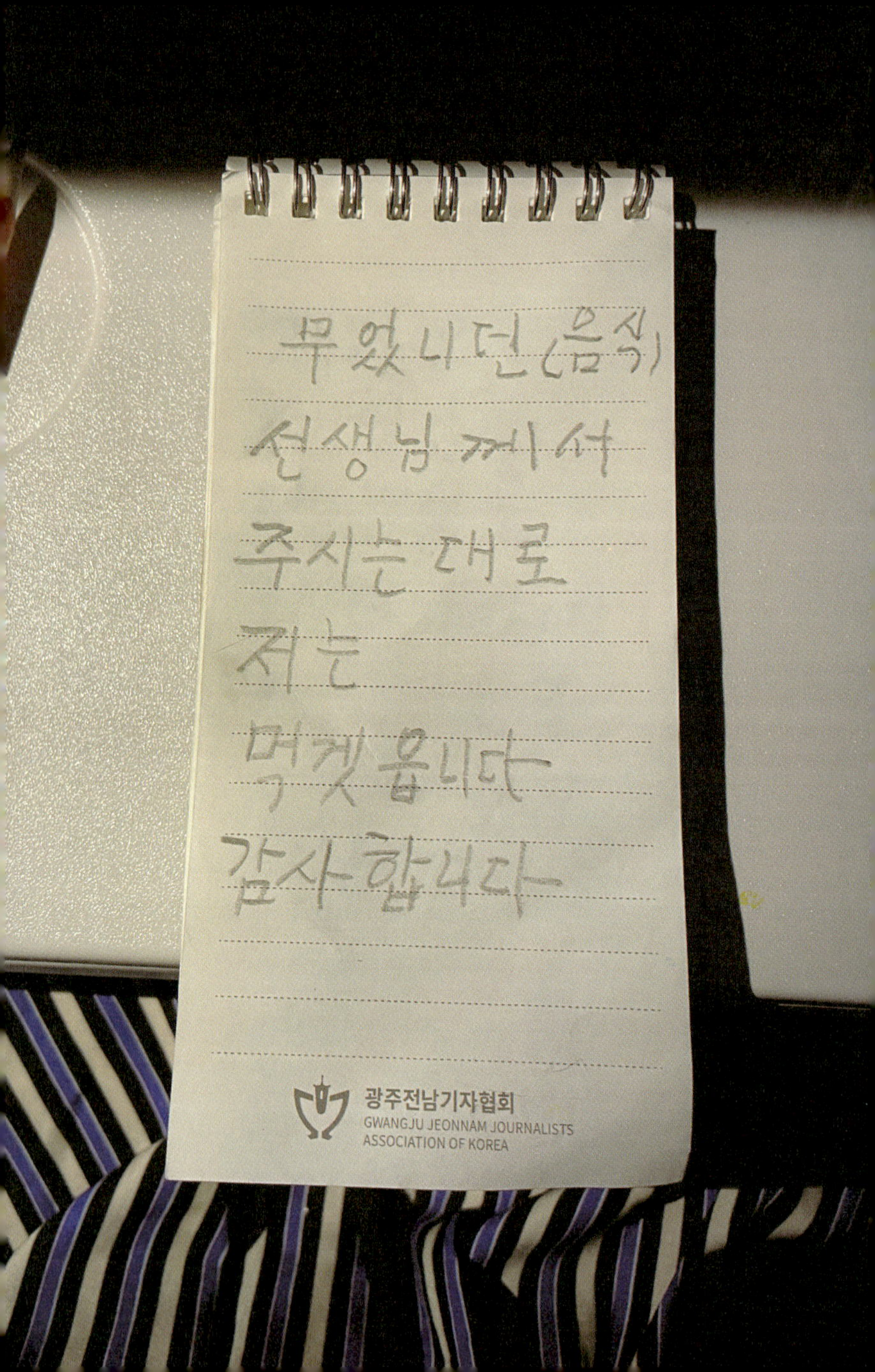

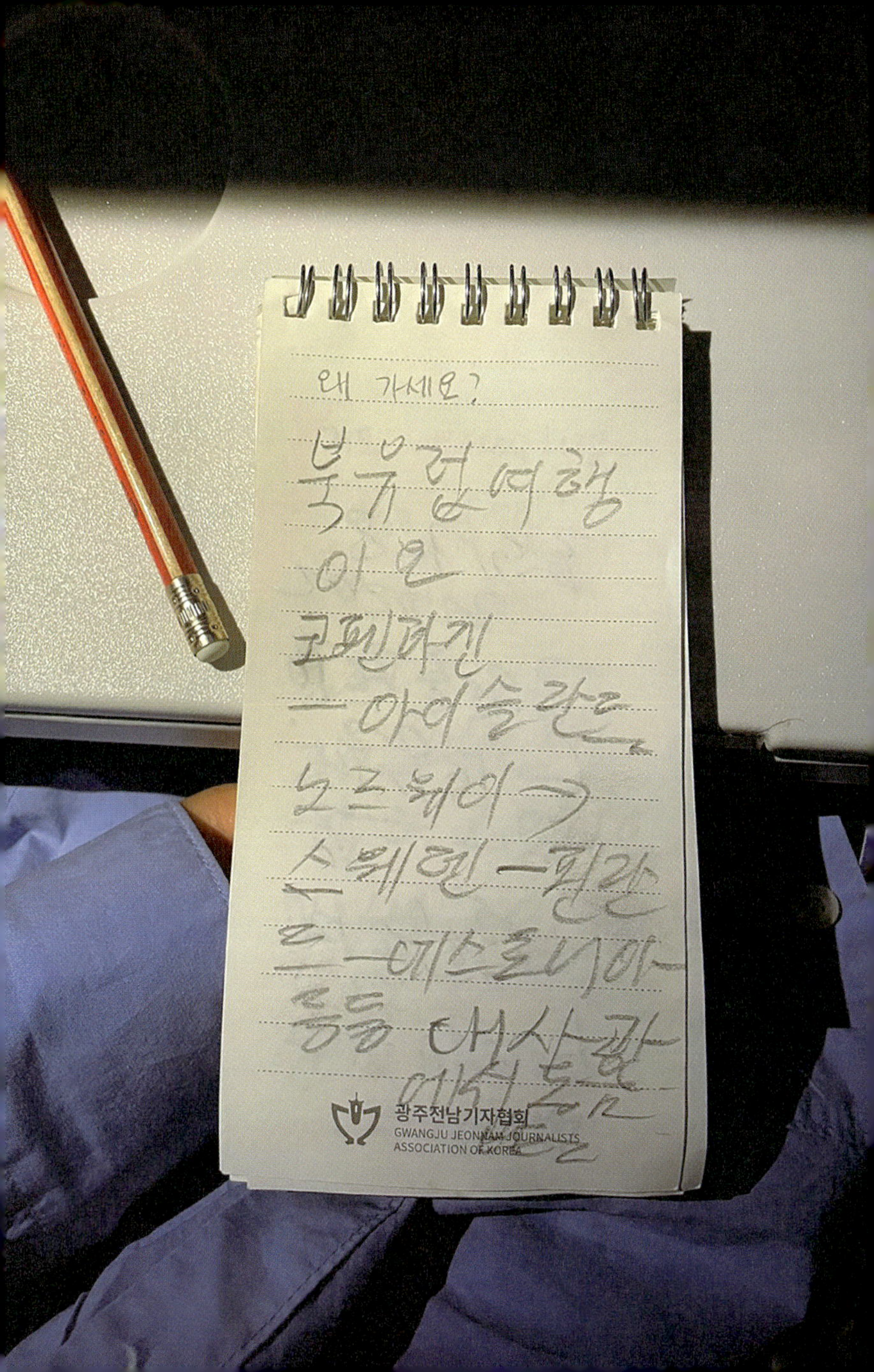

왜 가세요?
북유럽여행
이오
코펜하겐
— 아이슬란드
노르웨이 →
스웨덴 — 핀란드
— 에스토니아
등등 대사관
에서 도움
광주전남기자협회
GWANGJU JEONNAM JOURNALISTS
ASSOCIATION OF KOREA

제가 오늘
선생님을
만난것은

하늘나라에
서 좋은선물을
저에게 보내
주신것같아요

제 둘째 딸과
비슷 하셔요

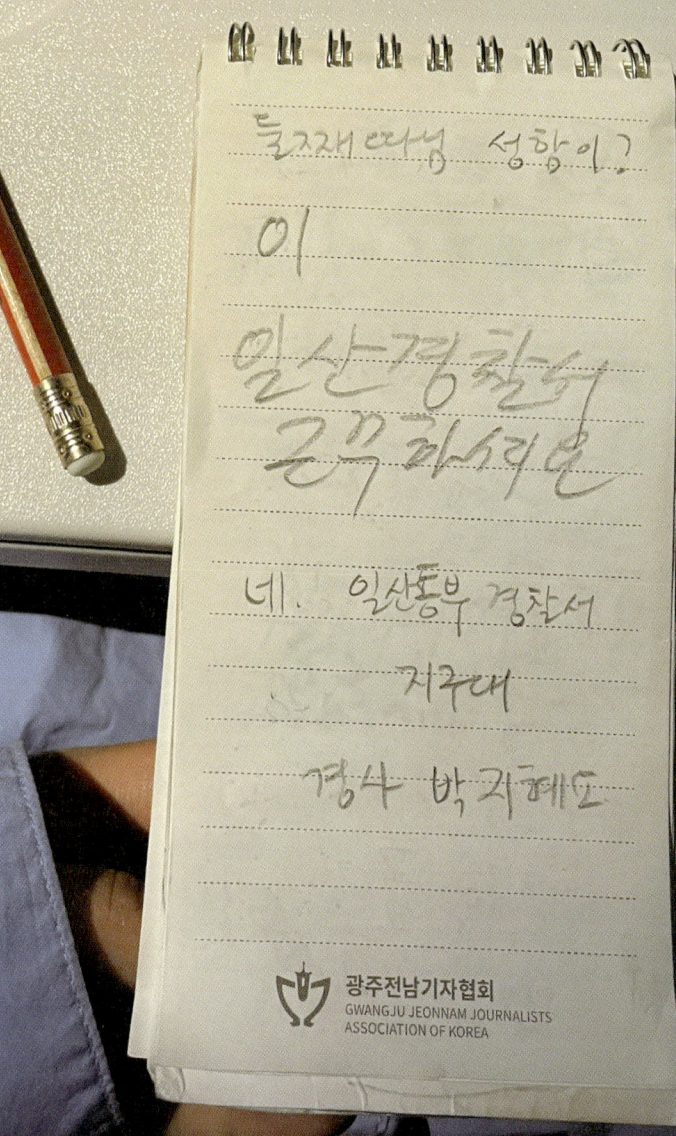

Hauptspeisen

1
Pilz-Ragout mit Würfeln von der gegrillten
Hähnchenbrust, dazu Gnocchi und Brokkoli
oder
2
Ddeukgalbi
Mariniertes Rindfleisch koreanisch und gebratener Reis
mit Rührei und Kimchi

Dessert
Obstkuchen mit Streuseln

Abendessen

Hauptspeise
Japchae Bap
Glasnudeln mit Gemüse, dazu gedämpfter Reis

Dessert
Frische Früchte der Saison

Allergeninformationen über die von uns servierten Lebensmittel erhalten
Sie bei Ihrem Kabinenpersonal.
Sollte Ihre Wahl nicht erhältlich sein, bitten wir um Ihr Verständnis.

저는 경찰이에요.

한국식 잡채밥을
또 주신대요!

1
Grilled Chicken Mushroom Ragout with Gnocchi and Broccoli
or
2
Ddeukgalbi
Marinated Korean Beef and Egg fried Rice with Kimchi

Dessert
Fruit Crumble Cake

Dinner

Main Course
Japchae Bap
Vegetable Glass Noodles with steamed Rice

Dessert
Seasonal fresh Fruit

Please ask the cabin crew for allergen information about our served on-board meals.
Please accept our apology if occasionally your selection is not available.

필요한거 생기시면 적어주세요!

여행 가세요?
ㄴ 혼자?

메뉴

전채 요리
익힌 햄과 감자 샐러드

메인 요리 ‘여걸사항들’
①
쇼끼와 브로콜리를 곁들인 구운 닭고기 버섯 라구
또는
②
떡갈비   무엇 드시겠어요?

디저트
과일 크럼블 케이크   김치도 나다요! ㅎㅎ

저녁식사
　　　승무원이 외국인.
메인 요리
잡채밥
야채와 당면을 쌀밥에 곁들임

디저트
신선한 제철 과일

기내식의 알레르기 유발 항원 관련 정보는 승무원에게 문의하시기 바랍니다.
간혹 선택하신 요리를 예상치 않은 주문량으로 제공해드리지 못하는 점을 미리 양해 부탁드립니다.

떡갈비만 남았대요 ㅠㅠ

음료수 뭐 드실래요?

물?

파란색 잠옷, 리스본 길거리

2024년 7월 11일, 리스본에 도착해 처음 맞이하는 아침. 시차 때문인지 눈이 일찍 떠졌다. 4인실에서 나만 깬 아침, 캐리어를 열어 잠옷을 갈아입자니 복잡스럽기도 하고, 또 얼른 리스본을 구경하고 싶은 마음에 잠옷 바람으로 나와 엘리베이터를 탔다.

호스텔 1층에 내리자, 공용 거실은 조식 먹는 사람들로 가득했다. 아무래도 잠옷은 좀 그런가 싶어 걱정했는데, 그 누구도 내 잠옷에 관심을 주지 않았다. 묘하게 좋다. 이때부터 나는 신이 나기 시작했던 것 같다.

거대한 호스텔 문을 힘껏 밀고 리스본 거리로 나서자, 사람 사는 풍경이 눈에 들어왔다. 정장 차림에 자전거를 탄 직장인, 해바라기 꽃다발을 들고 출근하는 할머니, 금발 머리 질끈 묶고 달리는 언니들, 우편함에서 편지를 꺼내던 할머니. 그렇게 호스텔 주변을 천천히 돌아다녔고, 이따금씩 가게 유리창으로 잠옷 차림의 나를 마주할 때면 점점 당당해지는 내 발걸음이 꽤나 마음에 들었다.

2024년 7월 12일, 오늘도 잠든 사람들 사이를 까치발로 나와 아침 공기를 맡는다. 한낮이 되면 관광객으로 바글거릴 이 거리를, 내가 빌린 것 마냥 자유로이 걷는다.

그러다 한 카페의 첫 손님이 된다. 라테 한 잔에 디저트 하나를 시키는 내 모습이 괜히 어른 같아 기분이 좋아진다. 그리고 곧이어 나온 라테 한 모금 마시고는 또 그냥 사람 구경을 한다. 저 사람은 어디로 가는 걸까, 저들은 무슨 대화를 하는 걸까. 참 별거 없는데, 유럽에서 가장 좋은 순간 중 하나가 지금이다. 특별한 곳에서 특별한 것 없는 일상을 구경하는 시간.

무튼 오늘도 적당히 한적한 길거리는 어느 관광지보다 좋고, 여전히 그 누구도 내 잠옷에 눈길을 주지 않는다. 그렇게 좀 걷다 보면 내가 좋아하는 카페 앞이다.

ps. 구글 지도 없이도 이 카페를 찾아갈 수 있어졌을 즈음, 리스본을 떠나왔다. 아쉬움이 컸지만, 아쉬워야 또 온다는 말이 생각나 금세 기분이 좋아진다. 그리고 **"나 이혼했다! 이건 사실 이혼 기념 여행이야!"**라고 외친들, 전혀 관심 없을 것 같던 그 거리가 벌써 그리워진다.

@put_it_on_lisbon

언덕에 카페 하나가 덩그러니 있어서 손님이 올까 싶었는데,
조깅하던 사람도, 출근하던 사람도 하나둘씩 모여들었다.

리스본의 진짜 일상을 구경하는 것 같아 즐거웠던 곳.

사람들의 방명록 사진을 구경하는 재미도 쏠쏠했다.
이 가게는 비건 디저트가 정말 맛있으니, 꼭 드셔보길 추천한다.

@cphcoffeelab

매일 아침 라떼와 뺑오 쇼콜라를 사먹었던 곳.
야외 테이블에 앉아 시작하던 아침은 기억나는 순간 중 하나다.

@dobeco_padaria

햇살 좋은 날, 꼭 야외 테이블에서 브런치를 즐겨보자.
관광지도 좋지만, 진짜 사람 사는 일상을 구경하는 재미는 또 다르다.

알바생 승규, 승무원 승규

 리스본 2일 차 밤, 야경을 보러 혼자는 무서워 동행을 구했다. 그날 모인 한국인 다섯 명은 정식, 지형, 승규, 지혜, 세화. 우린 조금 어색한가 싶더니 금세 친해져 새벽까지 대화를 이어갔다.

 많은 대화가 오갔지만 기억에 남는 건 가장 말수 적었던 승규다. 승규는 군대 동기였던 지형이가 영국으로 워킹 홀리데이를 하러 가자는 말에 그냥 따라왔단다. 그때부터 나는 승규라는 애가 흥미로워지기 시작했다.

부산이 고향이라는 승규. 승규는 부산에서 맥도날드 알바를 하다가, 친구 따라 넘어온 런던에서는 스타벅스 알바를 했다고 한다. 이왕 알바할 거 영어라도 배워보자 싶어 영국에 왔다나. 영국을 옆 동네 대구쯤 말하는 승규가 여러모로 대단해 보였다.

그때 지형이가 퀴즈를 냈다. 승규가 이직에 성공했는데 맞춰보라고. 사실 이번 여행이 그런 점에서 영국 생활을 마무리하는 기념이라고도 덧붙였다. 우린 이것저것 정답을 던졌다. 버거킹이 유력한 정답으로 흘러가는 가운데, 지형이 웃으며 말했다.

다 틀렸고, 카타르 항공이란다. 대박!

승규는 얼마 전 친구 따라 간 면접에서 합격해, 곧 카타르에서의 일상을 시작한다고 했다. 우리는 모두 놀라서는 우와아 하며 소리를 질렀다. 다들 맥주캔을 부딪치며 진심으로 승규를 축하했고, 승규는 부끄러운지 손사래 쳐댔다. 나는 승규가 운이 좋았을 뿐이라며 부끄러워할수록 승규가 더 대단해 보였다. 진짜 멋이 있어 보였달까.

그날 새벽, 우리는 맥주를 두 번이나 더 사러 갔다. 이제 문연 가게도 없고, 공터에 우리만 남았을 즈음, 승규가 입을 열었다.

"그런데 제가 그동안 알바만 했잖아요. 런던에 와서도 결국 알바를 했고요. 그런데 하루는 한국에 계시던 엄마가 동네에서 친구 어머니를 만나셨대요. 자기 아들은 약사 시험 준비하느라 바쁜데, 승규는 어떻게 지내냐고. 그때 저희 엄마가 그랬대요. 우리 승규는 좋아하는 일 하며 잘 지내고 있다고. 저는 아직까지도 그 말이 가장 슬프더라고요."

나는 승규의 말이 아직까지 기억에 남는다. 무덤덤해 보이는 승규지만 그동안 불안한 날 왜 없었겠으며, 그날 어머님의 말속에는 얼마나 다양한 형태의 사랑이 뒤엉켜 있는지.

우리 승규 좋아하는 일하며 지낸다는 어머님 말씀이 잊히질 않는다. 내심 승규가 부러워지는 밤이다.

카스카이스 해변가 마을에서, 지형과 승규.

ps. 그날 새벽이 너무 즐거웠던 우리는 다음날 또 모였고, 해변 마을로 떠났다. 다섯 명이 작은 우버에 몸을 구긴 채로 내내 종알거렸던 기억이 여전히 즐겁다.

모쪼록 우리와 함께 한 승규와 지형의 마지막 방학이 즐거웠기를 바라본다. 나는 그날 승규의 인스타그램 아이디를 물어 팔로우했다. 부산, 런던, 그리고 이젠 카타르 도하로 향하는 승규. 앞으로도 '좋아하는 일 하며 지낼' 승규의 행보가 참 궁금해진다.

파인애플 쥬스를 팔던 남자.
그는 신나는 음악을 틀어두고 장사했다.

선글라스를 끼고, 노래를 흥얼거리며 리듬 타던 모습이 카스카이스 해변과 참 어울렸는데,
이 남자 겨울엔 무슨 장사를 하고 있을까.

*

Modo de ler

알록달록 빈티지한 책들이 많아, 구경하다보면 시간이 훌쩍 갔던 곳.
이 서점만의 책 향기가 정말 좋았다.

SANTO PADRE AMÉRICO
FUNDADOR HÁ 82 ANOS DA CASA DO GAIATO

서점에서 하나둘씩 사 모은 엽서들.

심심한 날이면 호스텔에 앉아 좋아하는 사람들에게 편지를 썼다.
한국에 돌아가 전해줄 생각을 하면, 여행이 끝나가는 게 마냥 우울하지만은 않았다.

이혼하고 나니 엄마가 보였다

 이혼하고 휴대폰을 엎어두고 살았다. 카카오톡에는 빨간색 알람이 쌓여갔지만, 어떤 답장도 할 수 없었다. 잘 지내냐고, 왜 이리 뜸하냐는데 할 말이 없었다. 나 이혼했다고, 죽지 못해 사는 중이라고 말할 순 없으니 그냥 두 달이고 석 달이고 쌓아뒀다.

 이혼하고 나니 엄마가 보였다. 엄마는 나보다 열악한 환경에서 이혼했었다. 성악을 전공하던 예쁜 여학생이 대학 시절 딸아들을 낳아 결혼했고, 자신의 꿈을 뒤로 하고 가정을 지키려 할 즈음 이혼한 것이다. 엄마는 우리 남매를 많이 사랑했지만 이별해야만 했고, 엄마의 엄마아빠는 모두 세상을 떠나 돌아갈 친정도 없었다.

아마 너희가 열 살 이즘이었나. 네 아빠랑 이혼을 한 거야. 이혼도 이혼인데, 너희를 못 본다는 생각에 죽어버리려던 날도 있었지. 그런데 너희가 다 커서 엄마를 찾아온다고 생각해 봤어. 그럼, 엄마가 멋있는 사람이 되어있어야 하잖아. 그래서 무작정 이탈리아로 간 거야. 포기했던 엄마 꿈을 위해서라기보다 너희한테 멋진 엄마로 나타나고 싶었어.

그렇게 엄마 나이 서른에 비행기를 탔어. 아마도 2001년일 거야. 그때 너희 사진을 챙겨 가려다가 결국 다 포기한 거 있지. 거기 가서 너희 사진 보고 내내 울 것만 같았거든. 그런데 엄마가 딱 하나 챙겨간 게 있어. 나는 이미 시뻘게진 눈으로 엄마에게 물었다. 뭔데?

지혜 머리띠.

그 머리띠에서 네 냄새가 났거든? 밀라노 가는 비행기 안에서 머리띠 냄새만 맡으면 그렇게 눈물이 나는 거야. 그 머리띠 냄새를 맡으면 꼭 지혜가 엄마 옆에 있는 것 같아서 얼마나 만지작댔는지 몰라.

그 순간 엄마와 나는 눈물이 쏟아졌는데, 이상하게 우리 둘 다 입은 웃고 있었다. 그날 우리는 열어둔 창문으로 새벽 찬 바람이 들어올 때까지 지나간 시절에 대해 조잘거리다 잠에 들었다. 마치 엄마를 친구로 만나 함께 늙어가는 꿈 같았다.

ps. 2012년 엄마를 보러 밀라노로 여행 갔던 때가 떠올랐다. 밀라노는 첫인상이 너무 아름다운 도시였는데. 그 아름다운 도시가 엄마 홀로 마주한 2001년에도 그랬을까.

정말 정말 뜨거운 날씨였는데, 그늘도 없는 곳에 두 학생이 서 있었다. 편한 운동화와 벽돼와 여행 온 듯했는데, 나도 모라 생각이 났다.

작년 8월, 보라에게 울며 전화했던 날. 대전사는 애가 일산까지 한걸음에 달려와서는 여름밤을 함께 했는데,

나를 위해 울어줄 수 있는 친구가 있음에 참 위로되는 밤이었다.

ARTESANAL

낮에 골목을 거닐다가 분홍 옷을 맞춰 입은 모녀를 봤다.
그 모습이 너무 귀여워 사진으로 남겼었는데, 그날 밤 모두 정원 옆자리에서 또 만났다.

그 인연이 너무 신기해 몇 번이고 쳐다봤다.
아마 그날 노을보다 오랜 시간 바라보고 있었던 것 같다.

십 년 전 우리 모녀도 자동차로 유럽을 여행하며 참 좋았었는데, 그런 날이 다시 올까.

할머니의 파스퇴-르 우유

며칠 전 친구로부터 좌우명이 뭐냐는 질문을 받았다. 잔뜩 멋있는 문구들이 스쳐 갔지만, 결국 공통점은 카르페디엠, 현재에 충실하자는 거였다. 생각해 보면 내가 4년째 운영 중인 블로그 이름도 그렇다. **'안냥 인생은 한 번이고, 시간은 가고 있쥐 예!'**. 경찰 일을 해오면서 숱한 죽음을 맞이했던 영향이 컸을까. 종종 생각에 빠지곤 한다. 정말로 오늘이 내가 살 수 있는 마지막 날이라면, 오늘 난 뭘 해야 하지.

생의 마지막을 생각하다 보니, 9년 전 돌아가신 할아버지 생각이 났다. 긴 암 투병으로 할아버지가 떠나고, 할머니는 많이 힘들어했다. 꽤나 긴 시간 마음의 준비를 했었음에도 불구하고, 할머니는 생각보다 더 힘들어했다. 그 시기, 온 가족이 할머니의 슬픔을 끝내고자 노력했다. 여행, 쇼핑, 운동. 하지만 할머니의 슬픔을 환기하는 건 결국 할아버지에 대한 것들이었다.

소개팅으로 만난 할아버지가 처음엔 참말로 별로였다는 이야기.

할아버지가 젊었을 적 바둑을 잘 둬 결승전 가까이 올라갔다는 이야기. (결승전도 아니고, 결승전 가까이는 뭔지 모르겠지만. 할머니는 항상 이 이야기를 빼놓지 않는다.)

할머니 속을 한 번도 썩인 적이 없다는 이야기 (내가 알기론 꽤나 썩이셨는데, 뭐 할머니가 그렇다니까.)

할아버지랑 생선 장사, 두부 공장하면서 삼 남매 대학 보낸 이야기.

할아버지를 잊게 해야 할머니의 슬픔이 끝날 거란 생각은 우리의 착각이었다. 할머니는 할아버지와의 추억을 꺼낼 때마다 눈빛에 예쁜 갈색이 돌았고, 잠깐씩 흐르는 눈물마저 행복해 보였다. 그런 할머니에게 다음 생이 있다면, 할아버지를 다시 만날 거냐 물으니 그럴 거라 답한다. 할아버지가 뭘 그렇게 잘해줬길래 그러냐고 물으니, 할머니는 비장하게 말을 시작했다.

니 할아버지가 얼마나 잘했다그랴. 월급날이면 꼭 맛있는 걸 사와. 그르케 사오지말래두 꼭 뭐를 사오드라구. 아 그리구 내 밥이 제일 맛있댜. 맛 없을 법도 헌디 반찬 투정하는 법이 한번두 읎었어. 참말로 맛 없을 법도 헌디. (...중략)

그날 할머니의 비장함 속에 나온 말들에 나도 모르게 웃음이 나왔다. 할아버지를 추억하는 할머니의 기억이 그리 대단하지 않아서. 내 생각보다 너무 소소했으므로. 그리고 이내 궁금해졌다. 나는 할머니에게 어떤 손녀로 기억될까. 누군가의 기억 속에 사랑으로 남는다는 건 얼마나 단순하면서 어려운 일일까.

2024년 7월 13일. 오늘도 리스본 거리를 지도 없이 걷는다. 너무 힘들어 아이스 커피라도 한 잔 마셔야겠다며 카페를 찾던 중, 한 할머니에게 시선이 갔다. 한참을 서서 바라봤다. 홀로 야외 테이블에 앉아 담배를 태우며 사색하는 모습을 보고는 생각했다. 나에게도 저 나이를 맞이하는 날이 오겠지. 탄생보다 죽음이 가까워진 나이에 나는 어떤 것을 추억하고 있을까.

ps. 나 어릴 적, 독감에 걸려 열이 펄펄 끓었던 날이 있었다. 상비약도 없던 시골집에서 할머니는 발만 동동 굴렀다고 한다. 그때 할머니가 내어준 건 달콤한 흰 우유. 나는 그걸 마시고 곤히 잠들었던 기억이 난다.

할머니, 근데 그날 뭘 준 거야? 나 그거 먹고 다 나았잖아.

그거 파스퇴른가 뭐시기 거기에 설탕 탄거여. 테레비 보니까 그 우유가 그르케 좋다대.

먼 훗날 누군가 내게 할머니 사랑이 무어냐 물으며 난 파스퇴르 우유 떠올리겠지. 그럼 우리 할머니 어디선가 웃고 있겠지.

포르투 단골집

 2024년 7월 17일, 오늘도 뙤약볕. 동행들과 포르투에서 문어 요리가 가장 맛있다는 골목 가게를 찾았다. 그 이름은 Porto Antigo Comida Caseira. 계획이라곤 없는 내가 여기만큼은 미리 어플로 예약하고 갔다.

 구글 맵을 열심히 들여다보며 도착한 가게는 생각보다 작고 아담했다. 맛집이 맞는지 의문이 생길 때쯤 우리 뒤로 도착한 손님들이 예약하지 않아 돌아가는 걸 보고는 잘 왔구나 하며 자리에 앉았다.

뽈뽀를 위해 굶주린 우리는 기다릴 것 없이 주문했다. "원 뽈뽀 앤드.." 주문을 이어가려는데 사장님이 말을 끊는다. 정말 안타깝지만, 뽈뽀는 재료 소진으로 불가능하단다. 오 마이갓. 뽈뽀만 바라보고 왔는데, 어쩐지 일이 잘 풀리더라니. 진짜 너무 아쉬웠다.

우리가 사장님 손을 붙잡고 온갖 아쉬운 마음을 표하니, 사장님은 우리가 귀여우셨는지 막 웃는다. 사장님은 한국인들이 아침 10시부터 오픈런을 해서 뽈뽀를 시켜대니 재료가 남아날 수 없단다. 그 말에 우리도 한바탕 웃고는 다른 메뉴를 고르려는데, 사장님이 웃으며 한마디 한다.

"That's okay. Don't be so sad.
Tomorrow is another day."

"괜찮아, 너무 슬퍼하진 마. 내일은 또 다른 날이야."

밥집에서 문어가 없어 들은 말 치고는 내 마음을 너무 울렸다. 인생에서 내가 계획한 대로 흘러가는 일이 몇이나 될까. 그렇다 한들 너무 많이 슬퍼할 필요는 없는데, 이혼 후의 나는 너무 많이 슬퍼했다. 살다 보면 그럴 수도 있는 건데, 그리고 내일은 또 다른 날이 오는데.

ps. 나는 그날 말고도 이 식당에 두 번을 더 갔다. 되지도 않는 영어로 사장님과 대화하며 많이도 웃었고, 재료 소진으로 먹지 못했던 뽈뽀도 먹고 왔다. 그런데도 풀리지 않는 이 아쉬움은 뭘까. 마음이 허한 날이면 당장이라도 찾아가고 싶은 이 마음은 뭘까.

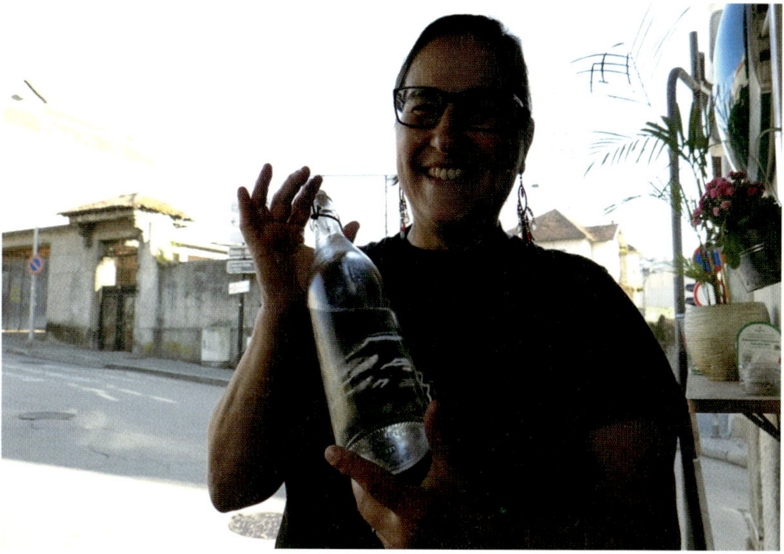

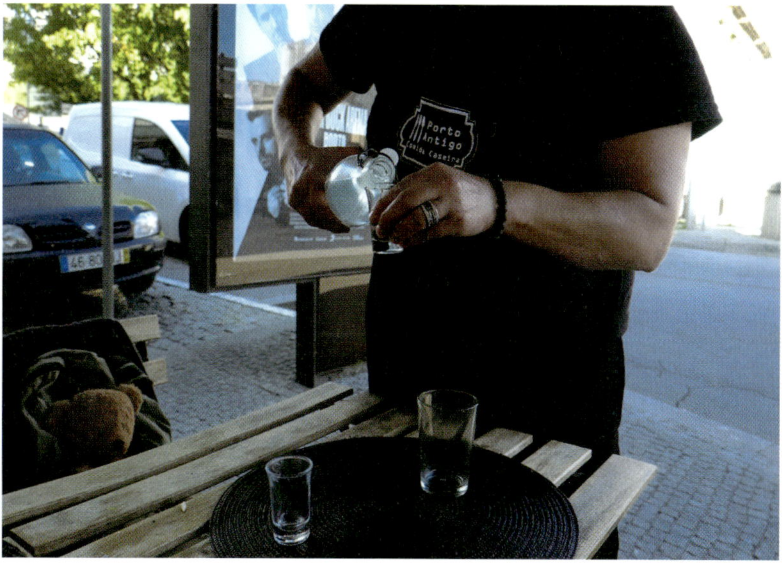
Porto
Antigo

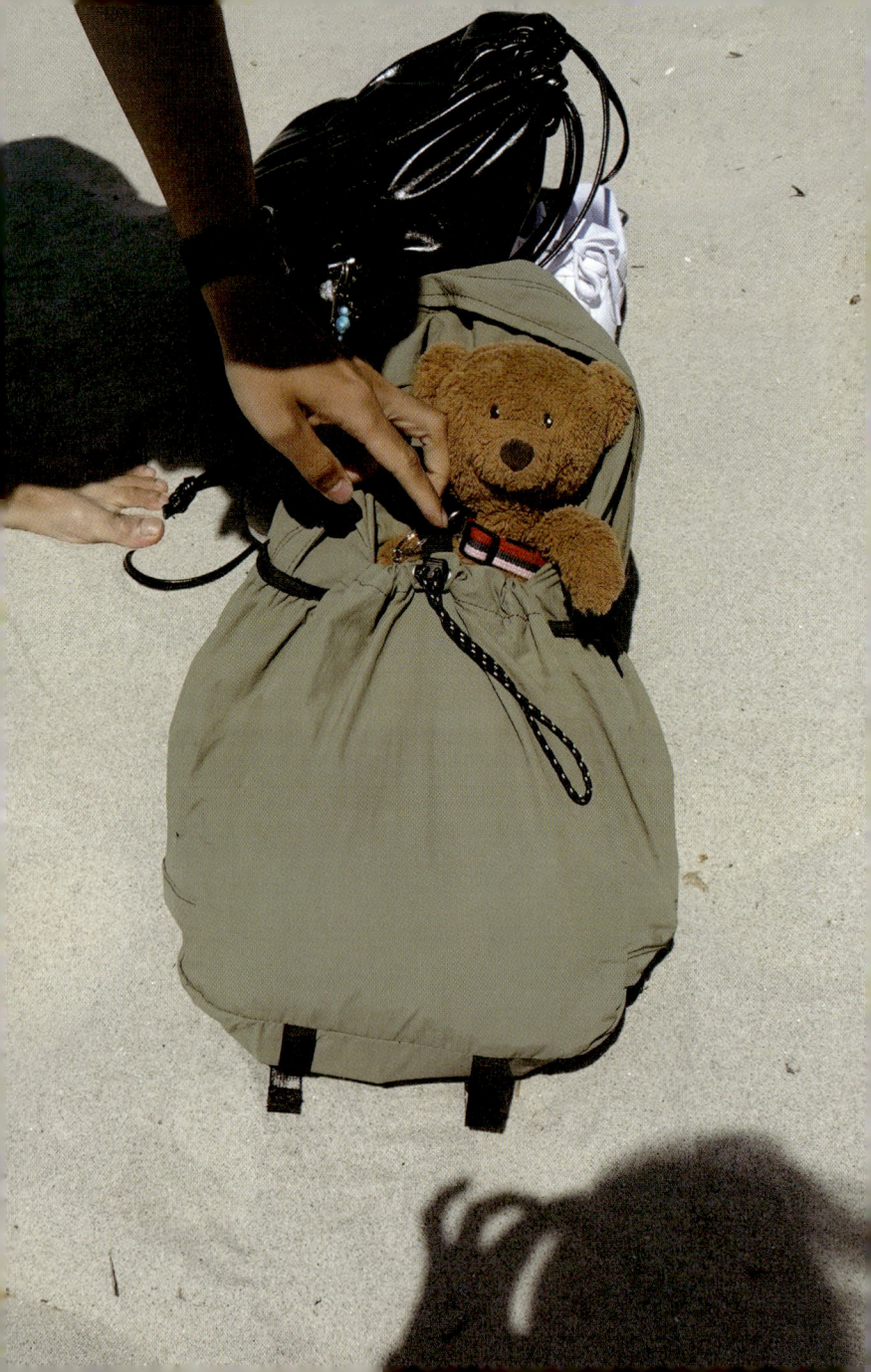

96년생 이재훈

나 : .. ? 동양인이세요?

재훈 : 네 ..;

나 : 세상에.

  재훈이와 나의 첫 만남을 세 줄로 요약하면 이렇다. 위아래 속옷 차림을 한 나와 체크인 후 캐리어를 정리하던 재훈이. 우리는 그렇게 만났다.

나는 남녀혼숙 4인실 호스텔에 묵고 있었고, 나 빼고 모두 외국인 남자 사람이었다. 처음엔 나도 그들의 삼각팬티 차림에 당황했지만, 그들은 내게 관심 두지 않았다. 나도 속옷 차림으로 방안을 누비며 리스본에 적응해 갈 즈음, 딱 그즈음 우리는 만났다.

우리는 자연스레 그날 저녁 식사를 시작으로 일정을 함께 했다. 누나가 있던 재훈이와 남동생이 있는 나, 그리고 경찰인 나와 의경이었던 재훈이는 꽤나 죽이 잘 맞았고, 매일 밤 3천 원짜리 그린 와인을 나눠마셨다. 이 글에 자세히 담을 수는 없지만, 재훈이는 당사자가 아닌 선에서 내 이혼을 가장 잘 이해할 수 있는 사람이기도 했다.

아 물론, 시답잖은 대화도 많이 오갔다. 재훈이가 영국, 프랑스를 누비며 도장 깨기를 할 정도로 클라이밍을 좋아한다는 것. 그런 재훈이가 어느 날엔 한 외국인 여학생에 대해 이야기했다. 클라이밍 초보였던 외국인 여학생을 도와줬더니, 그 여학생이 고마움의 표현으로 포옹을 하자며 다가왔단다. 재훈은 그 포옹이 너무 어색하고 부끄러워서 악수로 대신했다는, 뭐 이런 시답잖은 대화.

나 : 재훈아, 근데 너 다음 여행지는 어디야?

재훈 : 포르투.

나 : 나돈데! 포르투 언제 가?

재훈 : 15일.

나 : 나돈데! 포르투에서는 어디서 묵어?

재훈 : 샌드맨 호스텔.

나 : !

또 똑같은 호스텔. 어이가 없어서 우리는 한참을 웃었다. 그렇게 우리는 포르투갈 내내 함께였다. 재훈이는 아침이면 잠든 외국인들 사이로 "누나 언제 나갈 거야?"하고 속닥거렸고, 나는 밤이면 "재훈아 너부터 화장실 쓸래?" 하며 서로를 챙겼다.

내가 리스본 버스 안에서 넘어져 무릎이 다 까진 날, 재훈은 "누나 얼른 일어나. 진짜 창피해."하면서도 여행 내내 내 무릎에 밴드를 붙였고, 나는 코를 훌쩍거리는 재훈을 위해 두 개 남은 컵라면을 내어주곤 했다. 그렇게 우리는 남매 아닌 남매처럼 정들어가고 있었다.

하지만 만남이 있으면 헤어짐도 있는 법. 여행 막바지에 다다라 재훈이는 예약해 둔 스페인으로 떠나야 했고, 나는 포르투에 남아 한국행을 준비해야 했다. 재훈은 "누나, 나 내일 마지막인데 배웅해 줄 거지?"했고, 나는 못 이기는 척 알겠다 했다.

다음 날, 재훈이가 예약한 우버가 우리 앞에 섰고, 재훈은 큰 캐리어를 천-천-히 실었다. 나는 남동생 군대라도 보내는 양 요상한 기분에 눈만 멀뚱거렸다.

실감이 나지 않았다. 이제 구글 지도 길찾기 담당은 누가 하나. 당장 저녁에 일몰은 누구랑 보러 가나. 멋있는 거 보면 멋있다고, 맛있는 거 먹으면 맛있다고 누구한테 말해야 하나. 시원섭섭해서 약간 눈이 빨개질락 말락 하던 그때, 재훈이가 내 앞으로 왔다. 그러고는 두 팔을 벌리고 말했다.

"누나! 우리 포옹 한 번 해야지?"

거기에 더 이상 부끄럽고 어색한 재훈이는 없었다.

ps. 나는 그 포옹이 좋아서 눈물이 났다. 원래의 재훈이는 포옹 같은 거 잘 못해서. 누가 하자고 해도 못 하는 걸 먼저 하자고 해줘서. 어렵게 내민 용기는 멋지지 않을 이유가 하나도 없어서.

나는 재훈이 떠난 후로도 며칠 더 포르투에 있었지만, 그건 여행보다 정리에 가까운 시간들이었다.

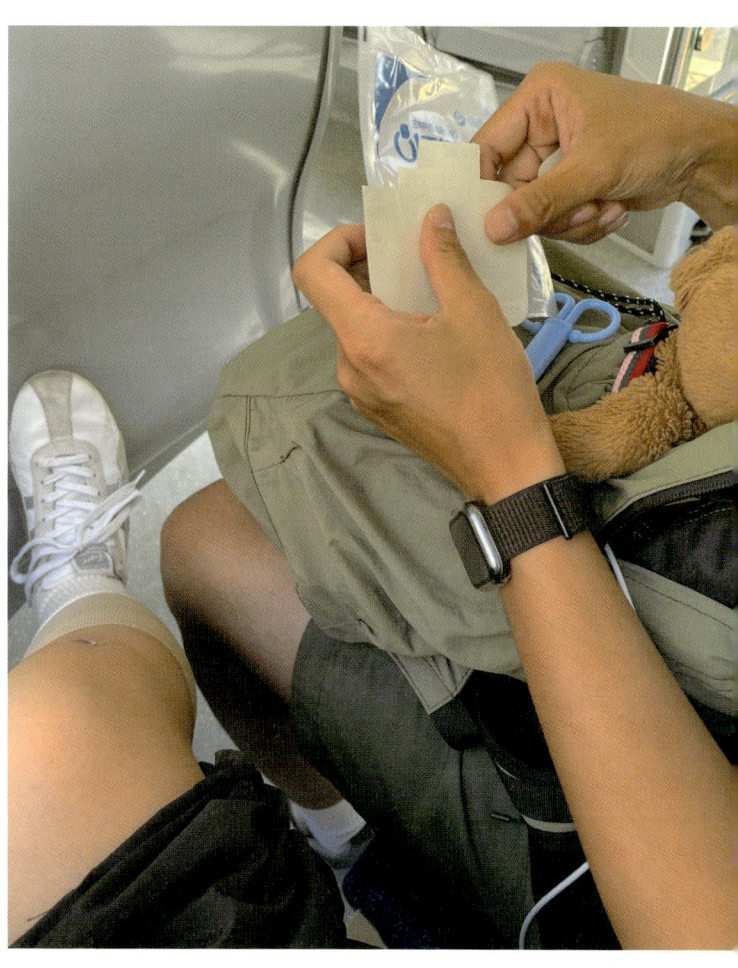

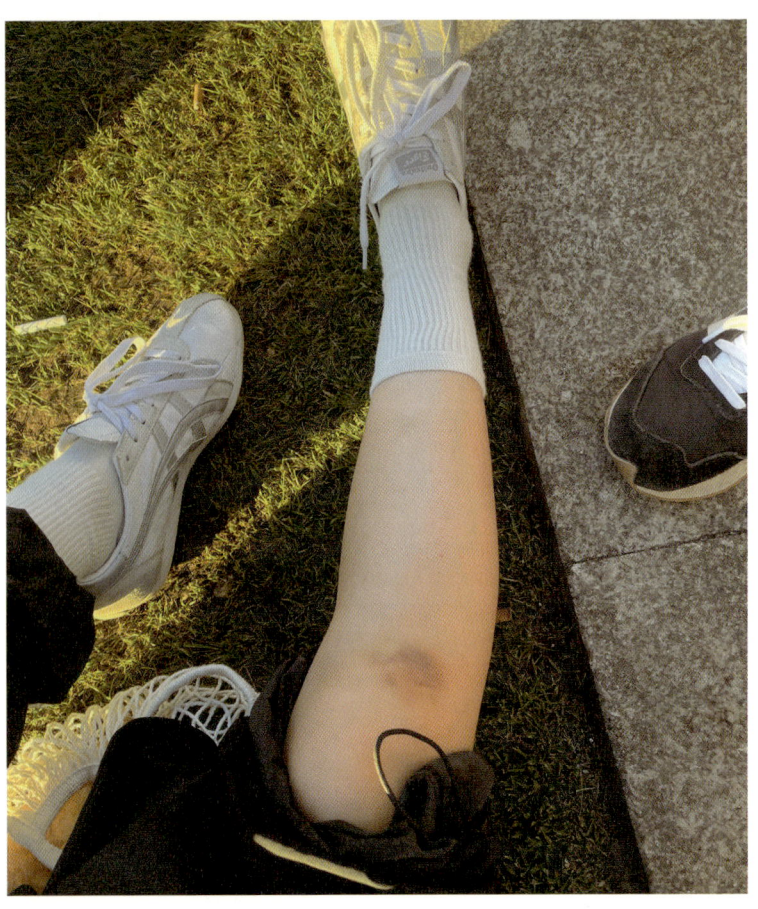

여행이 끝나갈 즈음, 까진 살대신 새살이 차오르던 내 무릎.
이제야 말하지만, 사실 그날 버스 안에서 나도 좀 창피하긴 했다.

éis de Belém
~ desde 1837 ~

에그타르트 7개

2024년 7월 14일, 오늘도 동행들은 저마다 관광지로 흩어졌다. 나도 리스본에 왔으니, 그 유명하다는 벨렝탑도 보고 그 앞에 있는 제로니무스 수도원도 다녀와야 하는데. 어제 걷던 길을 오늘도 다시 걷고 싶은 나는 이상한 여행자다. 낯선 도시 속에서 나만의 익숙한 루트가 생기는 게 너무 좋달까. 다시 이 도시를 왔을 때, 지도 없이도 아는척하고 싶은 마음이랄까. 무튼 오늘은 각오를 단단히 하고 벨렝행 트램에 탔다.

어찌어찌 벨렝 지구에 내리자, 줄이 긴 에그타르트 집이 눈에 보인다. 저기가 포르투에서 최고라는 곳이구나. 이상한 여행자는 또 이상해지려 한다. 남들이 맛있다고 줄 서 있으면 괜히 의심부터 하려 든다. '에그타르트가 거기서 거기지. 다들 여기 줄 서니까 너도나도 따라 섰겠지.' 왠지 나는 특별한 여행자가 되고 싶어 망설이지만, 별다를 수 있나. 이상한 여행자는 슬쩍 긴 대열에 합류한다.

나 : 하이. 원 플리즈.
직원 : 저스트 원?
나 : 웅, 원!
직원 : 어케이.

일단 나도 줄 서서 산 보람이 있지, 인증사진부터 찍는다. 이렇게 뜨거운 날씨에 아아 없는 디저트라니, 막 당기진 않지만 일단 먹어본다. 한입 베어 물자마자 간판을 째려봤다. 어이가 없는 맛이다. 이제야 가게 이름을 확인한다.

줄 선 사람 중 몇몇은 내가 에그타르트 먹는 걸 지켜보고 있었다. 그러고는 웃었다. 내가 에그타르트를 다 먹자마자 그들 뒤에 다시 줄 섰으므로. 나는 에그타르트 2개를 더 주문했다. 이 정도 먹으면 질리겠지 싶어서. 이번엔 함께 준 시나몬 가루와 먹었는데, 웬걸 또 다른 감동이다.

너무 민망하지만, 또 줄 섰다. 이번엔 4개를 달라고 했다. 직원은 날 보더니 풉 웃으며 물었다. **피니쉬?** 내가 생각해도 내가 어이없어 웃었다. **예쓰. 진짜 피니쉬!** 나는 에그타르트 4개로 든든해진 마음을 안고 큰 나무 밑에 앉았다. 벨렝탑이고 제로니무스 수도원이고 잘 모르겠고, 나는 이게 더 좋아서.

큰 나무 밑에 앉아 사람 구경하는 이 시간이 너무 행복하다. 누군가의 소소한 일상을 애써 훔치지 않아도, 자연스레 눈에 담을 수 있는 이 시간이 너무 좋다. 강아지를 산책시키는 사람들을 보며 우리 진주도 한 번 떠올리고, 엄마와 아들, 아빠와 딸을 보며 나도 저런 때가 있었겠지 싶고. 그리고 '한국 가면 남 눈치 안 보고, 아무 데나 앉아 사색에 빠져봐야지!' 하며, 또 이상한 여행자가 되어보리라 다짐해 본다.

나는 이날도 멋진 관광지 보는 것에 실패했다. 여행은 "나

어디 다녀왔어." 하며 자랑하는 맛도 꽤 짭짤한데. 나중에 나는 벨렝탑도, 제로니무스 수도원도 자랑할 수 없겠지. 가보지 않았으니 스토리 올릴 사진도 없다.

그래도 나 이렇게 행복한 거 누가 좀 알아줬으면 좋겠다 싶어 아쉬운 마음이 들 즈음, 한 외국인이 내게 와서 말을 건다.

"너 지금 꽤나 나이스해. 내가 사진 찍어줄까?"

누군가의 기억 속에 '나이스한 여행자' 정도로 남는 것도 썩 괜찮은 것 같고.

ps. 내게 사진을 권했던 외국인 친구의 뒷모습을 담아왔다. 사진 속에는 덩그러니 외국인 한 명이 앉아 있는 것만 보인다. 별 감흥 없는 사진 같지만, 분명 아니다. 보이진 않지만, 분명 선선한 바람과 예쁜 햇살. 다정한 대화 소리, 좋은 풀냄새 그리고 누군가의 조용한 사색이 그 자리에 있었는데.

거실에 앉아 리스본을 추억하는 지금, 오히려 좋다. 우리는 때로 보이지 않아 추억할 수 있는 것들이 있다.

꼭 카페가 아니더라도, 여기저기 앉아서 또는 누워서 여유를 즐기는 모습이
포르투에 온 걸 실감 나게 했다.

Antiga Confeitaria de

Rua de Belém, 84-92 / 1300-085 LISB

www.pasteisdebelem.pt / pasteisdebele

@pasteisdepelem.pt

Rua de Belem No 84 to 92, Lisbon 1300-085 Portugal

Belém, Lda.

– PORTUGAL

pasteisdebelem.pt

@garbagsinsta

리스본에만 있어서 더 특별했던 곳.
재활용하여 만든 가방, 지갑, 필통 등 귀여운 제품들이 많다.

나는 레이즈 감자칩 크로스백을 사왔는데,
이걸 메고 나가는 날이면 괜히 기분이 더 좋다.

성식아, 그게 사랑이야

이혼 후, 나는 세상의 모든 사랑을 부정했다. 평생을 함께 하고 싶은 사람과 버진 로드를 걸었던 내가 1년 만에 돌싱이 되었을 때. 딱 그때부터 난 세상의 모든 사랑을 부정했다.

사람들로부터 야무지고 똘똘하다는 말을 자주 들었던 나였다. 그동안 내가 노력해서 원하는 대학에 입학했고, 또 내가 열심히 했기에 경찰에 합격했다고 생각했다. 그러니 '야무지고 똘똘한' 내가 고른 이 배우자도, 내 결혼도 문제 있을 거란 생각을 못 했다. 그런 내게 처음으로 약점이란 게 생긴 거였다.

2024년 7월 어느 날, 리스본에서 성식이라는 동생을 만났다. 성식이는 다니던 광고 회사를 그만두고 산티아고 순례길을 걷는다고 했다. 종교가 있냐고 물으니 그런 거 없이 그냥 걷는다고 했다. '그냥' 산티아고 순례길을 걷는다는 성식이가 흥미로워 이것저것 물으며 함께 걸었다.

성식이는 산티아고 순례길에서 만난 사람들 이야기를 들려주었다. 길은 늘 똑같아도 매일 다른 사람을 만나 지루할 새가 없다고 했다. 이런저런 이야기를 하다가 노을 지는 언덕에 도착했고, 우리는 지는 노을을 바라보며 나란히 서 있었다.

주변은 이내 연인들로 가득해졌고, 나는 귀여운 동생의 연애담이 궁금해져 순례길을 걸으며 사랑이 싹튼 적은 없는지 약간 간지러운 질문을 했다. 성식이는 "글쎄요. 서로 꾀죄죄한 모습만 보다 보니, 사랑이 싹트긴 힘들지 않을까요…?"라고 얼버무리는데 느낌이 왔다. 뭔가 있다.

"얼른 말해봐."

성식이는 '아니, 별거는 없는데.'로 시작해서는 길 위에서 만난 대만 여학생 이야기를 한참이나 이어갔다. 노을이 다 지도록 이야기를 이어갔다. **성식아, 그게 별거야 ..**

성식이는 몇 도시를 더 거친 후, 스페인의 한 도시에서 이번 여행을 마무리할 거라고 했다. 많고 많은 도시 중에 왜 하필 그 도시냐 물었더니, 그 여학생이 있는 도시란다. 다 타서 더 까매질 것도 없는 성식이 얼굴이 빨개졌다. 아니, 순례길에서는 사랑이 싹트기 힘들다더니. 어쩐지 돌아갈 곳 있는 성식이의 뒷모습은 참 예뻐 보였다. 뭐, 세상에 사랑이 아예 없진 않나 보다.

ps. 이 친구들을 떠올릴 때면 참 부러워진다. 목적 없이 '그냥' 걸으러 떠날 수 있는 용기. 그리고 누군가를 생각하며 설렐 수 있는 그 마음이 참 부럽다.

성식이는 결국 그 여학생을 만나러 갔을까.

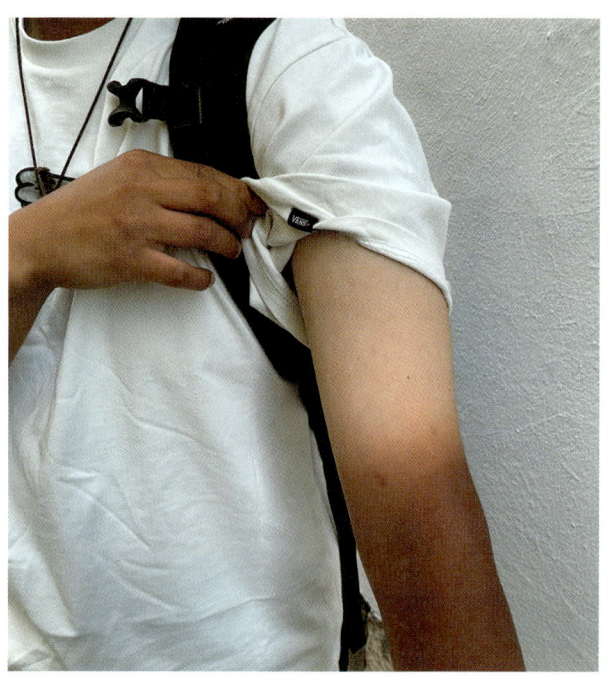

성식이를 보면서 산티아고 순례길을 걷고 싶다는 생각이 다시 짙어졌다.

한 번 걷고자 생각하면, 언젠가 걷게 되는 길이라던데
진짜 나에게도 그런 날이 올까.

@bombombomlisboa

네츄럴 와인과 맛있는 음식, 그리고 유쾌한 사장님.
야외 테이블에서 와인을 마시다 보면 노란 트램이 지나다녔는데,
정말 행복한 순간이었다.

MENU EMENTA

- **SICILIAN OLIVES** – 2,5€
- **HUMUS**, SWEET & SOUR EGGPLANT, PICKLES, HERBS, OLIVE OIL – 6,5€
  VG GF
- **SMASHED POTATOES**, SMOKED BEETROOT, CLEMENTINE CHINICHURRI, ROASTED BELL PEPPER SAUCE, PINE NUTS – 7€
  VG GF
- **DEEPFRIED CAULIFLOWER**, CLEMENTINE BARBECUE SAUCE, DUKKAH, SCALLIONS – 7€
  VG
- **BURRATA w STRAWBERRY HARISSA**, HONEY ROASTED PINE NUTS, FENNEL, STRAWBERRY – 10€
  V GF
- **BURNT LEEK** OVER CHARCOAL, ROASTED APRICOTS, SMOKED ALMOND SAUCE, APRICOT VINAGRETTE, GREEN LEEK OIL, LEEK CHIPS, MUSTARD SEEDS PICKLES – 8€
  VG
- **GRILLED MACKREL** ON THE BBQ, CELERY ROOT PUREE, GREEN DILL OIL, SAVOY CABBAGE COOKED IN BROWN BUTTER, RICE CRACKER, ROASTED HAZELNUT – 11€
  GF
- **BEEF TONGUE MEDALLION**, POTATO SAUCE, CHARD PUREE, MIZUNA, NASTIRTIUM FLOWERS – 11€
  GF
- **CHEESEPLATE** – 9€
- **CHARCUTERIE PLATE** – 9€
- **DESSERT** – BERRY SEMOLA MOUSSE, SHORT BREAD COOKIE, PEANUTBUTTER, FRESH CHEERIES & MINT – 7€

V - VEGETARIAN   VG - VEGAN
GF - GLUTEN FREE   VAT INCLUDED

포르투에서 많은 아줄레주를 봤다.
그중에서도 가장 예뻤던 아줄레주, 그 앞에는 한 연인이 있었다.

이들은 머리를 맞대고 지도 같은 걸 보고 있었는데,
그 모습이 너무 예뻐 자꾸만 눈이 갔다.

나는 할머니가 싫다

 나의 이혼에는 몇 가지 조건이 있었다. 혼인 신고를 하지 않았던 터라, 종이에 적힌 이혼 사유, 몇 가지 조건 그리고 각자의 인감도장 자국이 판결문을 대신했다. 지나고 보니 이혼은 쉽고 빨랐다. 어려운 건 내 마음 하나였다.

 우리 할머니 이름은 양양례다. 양례씨는 내가 세상을 살면서 본 사람 중에 가장 정이 많은 사람이었다. 내가 이따금씩 전화를 걸면, 할머니는 상기된 목소리로 **"아이고, 워야."** 하고 받는다. 행여나 내 전화음이 끊길까 싶어 터치 화면 부서지게 눌러 받은 양 숨이 차 있다.

더 이따금씩 금산에 내려갈 때면, 새벽 아침부터 닭백숙에 소갈비 그리고 고등어까지 구워내고는, **"먹을 게 없어서 큰일이네. 맛도 없을 건데."** 한다. 그래 놓고 내가 맛볼라치면 숨죽이고 내 반응만 기다리는 할머니다.

그럴 만도 한 게 할머니 밥을 먹고 자란 시간이 자그마치 10년이다. 초등학교 3학년, 아빠의 사업 실패와 이혼으로 할머니 손에 자라기 시작했다. 내 기억 속 운동회, 학예회, 졸업식은 늘 할머니가 엄마, 아빠 자리를 대신했다.

하루는 학예회가 있었는데, 나도 뭐 춤을 준비했던 것 같다. 무대 위 눈부신 조명에 앞은 보이지 않고, 작은 역할이라 할지라도 어린 마음에 많이 긴장했던 기억이 난다. 그때 곳곳에서 목소리가 들려왔다. **소희야, 정환아, 미경아. 엄마, 아빠 여기 있다.** 고오급 디지털카메라를 목에 매고는 자녀들에게 손짓하는 부모들 목소리였다.

그날 시끄럽던 공연장이 한산해질 때까지 내 이름은 불리지 않았다. 그날 처음으로 할머니가 싫었다. 젊은 부모들 사이에서 앞으로 밀고 나오지 못하는 할머니가 싫었고, 고오급

카메라 하나 없는 할머니가 싫었다.

 다시 돌아가, 내가 이혼 조건으로 내세운 건 양례씨, 우리 할머니였다. 내가 할머니에게 이혼 사실을 말하기 전까지 비밀을 유지할 것.

 내가 자신의 딸보다 귀하다던 할머니.

 나 어릴 적, 60점짜리 수학 시험지를 들고 와도 겁나 잘했다고, 할머니가 배운 게 없어 가르쳐주지도 못허는디 신통하다고 엉덩이 두들기던 할머니.

 경찰학교 졸업식 날, 할미가 그런데 가도 되는 거냐며 걱정하던 할머니.

 언제는 내가 20만 원 용돈을 챙겨드리자, 지혜가 50만 원을 줬다며 자랑하고 다니던 할머니.

 나는 그런 할머니를 지켜야만 했다.

우연인지 아닌지. 할머니는 내 이혼 후로 경로당이 재미없어졌다고 한다. 할아버지 돌아가신 후로 유일한 즐거움이던 경로당이 갑자기 재미없어졌다고 한다. 손녀 자랑이 유일한 낙이던 양례씨는 더 이상 경로당에 가져갈 자랑이 없어진 건 아닐까.

나는 오늘도 할머니가 싫다. 갑자기 경로당이 재미없어졌다는 할머니가 싫고, 심심하지 않냐 물으면 "심심한 게 뭐여."하고 답하는 할머니가 싫다. 이쯤이면 너를 다 용서해 보려 해도, 빈집에 혼자 있을 양례씨가 떠오를 때면 시시해진 네가 다시 밉다.

ps. 포르투에 앉아 그날의 학예회를 다시 생각한다. 나는 할머니가 여전히 싫다.

대사 두 마디쯤 되는 손녀가 주인공보다 대단한 양 좋아죽던 할머니가 싫고, 손녀딸 기죽을까 옷장 속 가장 젊은 옷이랍시고 꽃무늬 양장 꺼내 나온 할머니가 싫다.

그녀의 도자기 그릇

 2024년 7월 18일. 포르투 3일째다. 여기 머무르며 느낀 점은 포르투는 결코 작지 않다는 것이다. 포르투는 작아서 하루 이틀이면 다 볼 수 있다던데, 난 아직도 새로운 골목이 많다. 어제는 아무것도 없던 공터에 오늘은 벼룩시장이 열려 있어 자연스레 발길을 옮겼다. 기념할 만한 게 뭐 있을까 싶어 구경하던 중, 한 상점이 눈에 들어왔다.

 예쁜 도자기 그릇과 컵이었다. 색이 고르지 않아 마치 오로라 같은 초록색이 정말이지 너무 예뻤다. 단번에 꽂혀버린 나는 본격적으로 그릇 구경을 시작했다. '근데 이거 한국 갈 때 캐리어에서 깨지면 어쩌지?', '어라, 옆에 있는 파란색도 예쁘네. 둘 중 뭘 사지.', '그런데 이거 식기세척기 돌려도 되나.'

초록 그릇을 두고 머릿속으로 상상한다. 그릭요거트와 그래놀라도 담아보고, 우유 넣고 시리얼도 말아본다. 아직 살지 말지도 못 정했으면서 '엄마 것도 하나 사갈까?' 고민하고. 아니 그런데 캐리어 안에서 깨지면 어쩌지. 고민의 연속이던 그때, 주인장 그녀는 나를 보고 웃었다. 그러고는 말했다.

"파란색이 내 시그니쳐 컬러야. 아주 예쁘지. 하지만 네가 보고 있는 초록도 예뻐. 결국은 네 선택이지. 이 선택 하나로 그렇게 심각해질 필요는 없다구! 뭘 골라도 거기에 실패란 없어."

그 순간, 한껏 힘들어간 내 미간이 풀렸다. 그리고 웃음이 났다. 뭘 골라도 실패란 없다니, 너무나도 맞는 말이라서.

초록 그릇과 컵을 사고 호스텔로 돌아가는 길, 나는 계속 실실거렸다. 걸음걸음마다 아팠던 지난날들이 스쳐 가는데, 웃음이 났다. 오늘 미간 찌푸려가며 고민하던 내 모습이 너무 좋아서. 어떤 날에는 이런 평범한 일상도 버거웠으므로. 이런 귀여운 고민에 미간 찌푸릴 여유는 더더욱 없었으므로.

지나고 보니, 이혼은 내게 너무도 큰 어려움을 줬지만, 동시에 초연한 마음을 선사했다. 무슨 일을 하기 전에 최악의 상황을 상상하며 겁내던 나는, 늘 선택의 기로 앞에 미리 괴로워했다. 그런 내가 이혼이란 경험 앞에 무너지고 넘어져가며 배운 거라면, 그렇게 심각해질 필요 없다는 것. 좋았다면 추억이고 나빴다면 경험이지, 거기에 실패란 없다는 것.

다음 날, 엄마 것도 사야겠다 싶어 다시 벼룩시장을 찾았다. 그런데 그녀는 없었다. '아, 어제 엄마 것도 살걸⋯.'하며 후회했지만, 이로써 어제 우리의 만남이 더 특별해졌을 뿐, 어디에도 실패란 없었다.

ps. 2024년 9월 3일, 오늘 아침에는 아껴둔 컵과 그릇을 꺼냈다. 아몬드 라테와 그릭요거트를 담으니 정말 예쁘다. 이 기분 좋은 순간, 베란다를 타고 선선한 바람까지 들어온다.

내친김에 포르투 사진들을 꺼내보니, 그녀가 활짝 웃고 있다. 사진 찍기 전, 머리를 묶을지 풀지 고민하던 그녀가 스쳐간다. 어떤 머리를 해도 실패는 없을 거란 내 말에 못 말린단 표정으로 웃던 그녀가 생생하다.

비록 여름은 끝나가고 나는 지금 한국에 있지만, 포르투 없이는 설명할 길 없는 아침이다.

결국 묶었던 머리를 풀고 포즈 취하던 그녀.
DM으로 이 사진을 보내자, 그녀는 고맙다며 또 보자는 말을 했다.

정말 그런 날이 온다면, 이번엔 꼭 엄마 것도 사와야 겠다.

@manesousaceramica

@tabatorecords

구경하는 것만으로도 즐거웠던 레코드 숍.
저렴한 가격부터 있어 빈티지 LP 하나를 구매해 왔다.

*
Louie Louie
Rue do almada 536, 4050-034 porto.

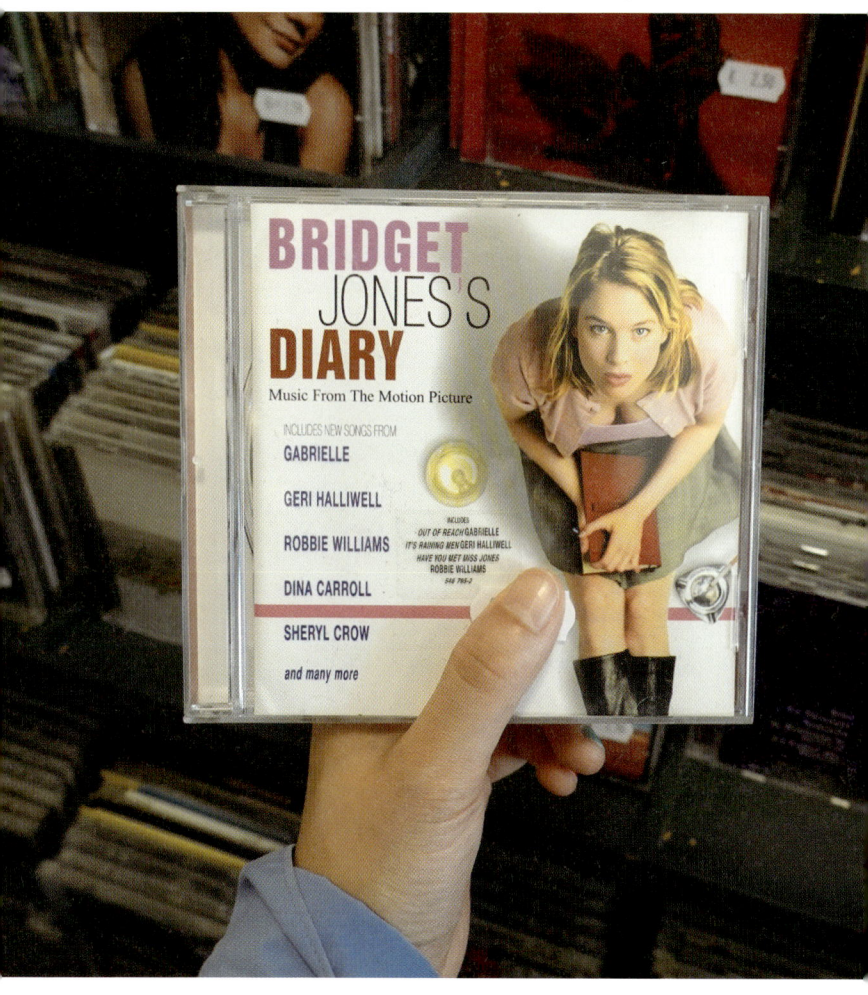

여행 중에 CD나 LP를 구매하는 편이라, 여기서도 하나 구입했다.

집으로 돌아와 틀어보면 꼭 다시 여행지에 온 기분이 드는데,
이 CD는 돌아오는 크리스마스에 꼭 꺼내 틀어야겠다.

누나들은 주변에 돌싱 있어요?

 똑똑똑. 똑똑똑. 샤워하고 있는데 자꾸 숙소 출입문을 누가 두드린다. 이 밤에 누구지. 옷을 걸치고 문 열어보니 키를 숙소에 두고 나온 동양 여자였다. 꽤나 오래 두드리고 있었는지 내 손을 잡고 "어머 땡큐 땡큐" 하길래 한국인인 걸 알았다. 그 인연으로 매일 밤 와인을 나눠마시게 된 언니가 K다.

어느 날 호스텔 공용 주방에 혼자 앉아 조식 먹는 애가 눈에 들어왔다. 피부색이 심상치 않은 게 하루 이틀 여행한 것 같지는 않다. 까맣게 그을린 피부는 많은 이야기를 담고 있을 것만 같아 궁금해진다. 굉장히 외향적인 나지만, 이럴 때면 나도 엄청나게 긴장한다. 속으로 몇십 번을 연습하고는 다가가 말을 걸었다. **"혹시 한국인 이세요?"** 그렇게 알게 된 동생이 동현이다.

우리 셋은 같은 호스텔에 묵었지만 여행을 함께하진 않았다. 오랜 직장을 퇴사하고 떠나온 언니 K는 그저 모든 게 행복하다고 했다. 어느 날에는 이탈리아보다 맛있는 피자집을 찾았다며 신나 했고, 또 어느 날에는 어디에도 없는 코스터를 샀다며 즐거워했다. 언니의 여행담은 늘 소소하고 아늑해 귀여운 구석이 있었다.

언어와 바다를 좋아하던 동현이는 조식을 먹고 나면 늘 바닷가로 향하는 버스를 탔다. 그리고 처음 보는 외국인들과 공놀이를 한다던가, 바닷가에 누워 바닷소리 섞인 외국어를 주구장창 듣다 오는 게 힐링이라고 했다. 우리는 그렇게 각자의 시간을 존중했다.

하루는 우리 셋이 식사할 시간이 생겼다. 내가 좋아하는 'Porto Antigo Comida Caseira'에 데려간 것이다. 야외 테이블에 앉아 주문을 마치고 수다를 떠는데, 주제는 한국에서 난리 난 '나는 솔로 돌싱편'이었다. 그때 동현이가 호기심에 찬 눈으로 물었다.

"근데 누나들 주변에는 돌싱이 있어요?"

언니 K와 나는 눈이 마주쳤고, 동현이의 표정이 너무 천진난만해서 같이 웃음이 터졌다. 동현이는 우리가 왜 웃는지 모르겠다는 눈치였다.

"저, 동현아. 네 옆에 있는 내가 돌싱이야."

동현이는 눈이 땡그래져서는 엄청나게 놀라 했고, 이미 알고 있던 언니 K와 나는 그 모습이 귀여워 배를 잡고 웃었다. 동현이가 혹시나 미안해할까 봐 나는 더 크게 웃었던 기억이 난다. 말이 적은 동현이는 말수가 확 늘어서는 "정말 몰랐어요. 누나 저 진짜 몰랐어요."하며 횡설수설했는데, 아직도 그 모습이 한 편의 시트콤처럼 기억에 남는다.

우리는 그 식사 이후로 더 가까워져서는, 매일 밤 공용 거실에서 만났다. 어릴 적 약속 없이도 놀이터에서 잘만 만나듯, 우리는 하루 끝이면 공용 주방에 모여 앉아 와인을 홀짝였다.

그렇게 하루 끝 와인 한 잔이 당연해질 즈음 우린 각자의 일상으로 흩어져야 했다. 늘 그랬듯 우리에게 거창한 배웅은 없었다. 남는 사람은 조심히 가라 하고, 떠나는 사람은 마저 여행 잘하라는 말을 남긴 채 흩어졌다.

마지막 학기라 생각이 많던 동현이는 지금쯤 어떤 미래를 그리고 있을지, 8년 다닌 회사를 때려치우고 떠나온 언니 K는 오래간만의 방학을 잘 보내고 있을지. 물론 연락하면 언제든 닿을 수 있는 우리지만, 하지 않는다. 잘 살고 있을 거라는 기분 좋은 상상으로 남겨두고 싶은 마음이랄까. 그래서인지 언제 다시 볼지 모르는 이 막연함이 더 좋다면 좀 변태 같을까.

그래도 다들 잘 지내려나, 그때 우리 포르투에서 참 좋지 않았냐고 와인 한 잔 마셔야 할 것 같은데. 참 청개구리 같은 밤이다.

ps. 여행을 마치고 이주일쯤 지났을까? 동현이로부터 장문의 DM이 왔다. 카페에 앉아 여행을 정리하는데, 내 생각이 났다며. 한 줄 한 줄 너무 정성스러워 눈물이 날 뻔했다. 동현이의 메시지는 '**그날 저한테 말 걸어주셔서 감사했습니다.**'라는 문장으로 마무리됐는데, 사실 고마운 건 나였다.

"**한국인 이세요?**" 한 마디에, 동그란 광대를 쏙 올리며 웃어주던 동현이가 다시 생생하다. 여행은 짧았는데, 여운이 참 길다.

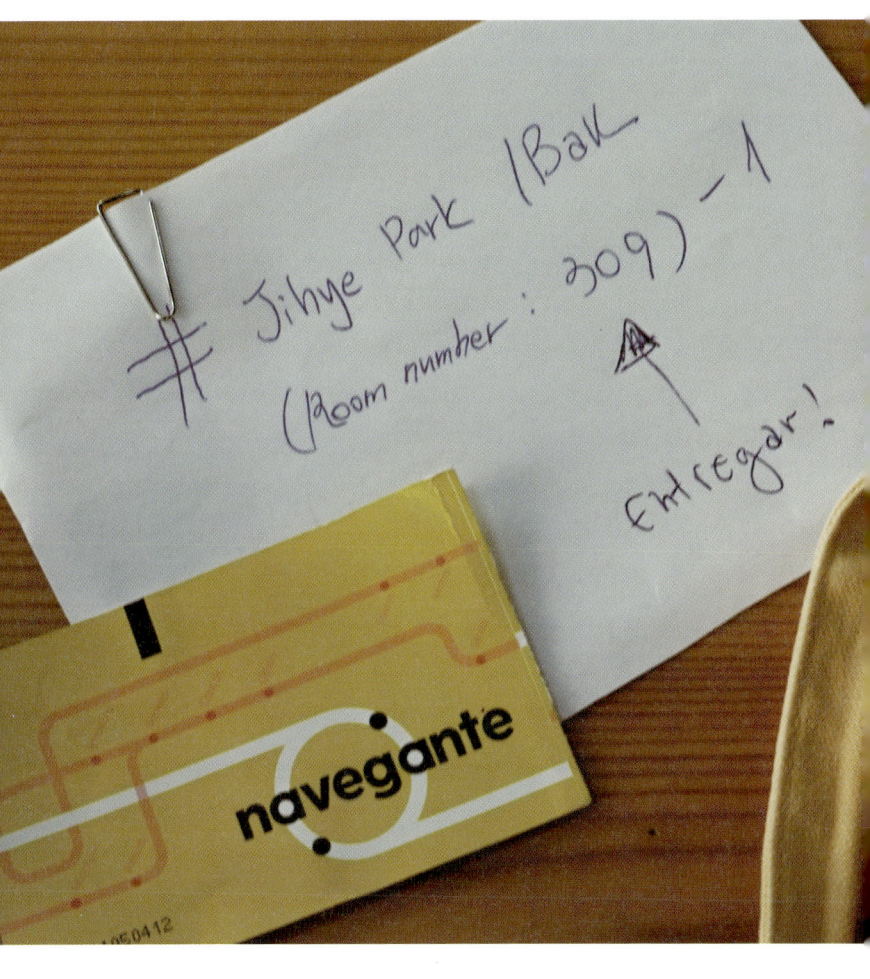

자신은 다른 도시로 넘어가 못 쓰게 되었으니,
대신 잘 써달라며 호스텔에 맡겨져 있던 교통 카드.

여행지에서 받는 호의는 잊지 못할 추억이 된다.

포르투에서는 여기저기 다이빙하는 사람들이 많았는데,
한명 한명 뛸 때마다 사람들은 박수치고 소리를 질렀다.

보는 내가 다 시원해지는 순간이었다.

@combi_coffee

라테가 정말 맛있어서 세 번이나 갔던 카페.
라테를 좋아하는 분들이라면 꼭 한 번 가보시길 추천한다.

엄마도 엄마가 그리운 날이 있다

 2019년, 여청수사팀에서 근무할 때 이야기다. 쌓여가는 사건에 지쳐가던 더운 여름날, 평소처럼 엄마에게 전화 걸어 징징대고 있었다. 일하기 싫다고, 얼른 퇴근하고 싶다고. 야간 근무도 너무 힘들고, 오늘도 퇴근 못 하고 있다며 징징. 더 이상 징징댈 것도 없어질 즈음, "엄마 엄마 엄마 엄맘맘마~"하고 멍하니 입만 뻐끔거렸다. 그 순간 엄마가 말했다.

"지혜는 부럽다."
"에? 나 힘들다니까 뭐가 부러워!"
 "아니 그냥. 지혜는 엄마~ 하고 하염없이 부를 엄마가 있잖아. 엄마도 막 엄마 엄마 엄마 ~ 하고 부르고 싶다."

내겐 너무나 당연한 것이 엄마에겐 이루지 못할 소원이었다. 엄마의 천진난만한 목소리에 순간 마음이 아팠다. 그날 엄마에게 너무 미안해 얼레벌레 전화를 끊고는 혼자 훌쩍거린 기억이 난다.

2024년 7월 15일, 오늘도 호스텔 앞 카페에 앉아 커피 한 잔 시켜놓고 엄마 일기장을 읽는다. '우리 엄마가 이런 생각도 하는구나.' 하며 재밌게 읽다가 2012년 12월 12일 일기에서 멈췄다. 나는 날 때부터 딸, 엄마는 처음부터 엄마. 라고만 생각했는데, 내 생각이 짧았다. 짧아도 너무 짧았다. 엄마도 엄마가 그리운 날이 있는 거였다.

2012. 12. 12.

현재 밀라노에서 섬기는 교회의 사모님은
음식 솜씨가 참 좋으시다..
특히나, 백김치와 동치미를 아주 맛있게
담그시는데, 오늘은 동치미를 담그신다기에
도와드릴겸 함께 배우기로 했다..
동치미 무우를 다듬고 씻는데, 보통 힘든일이
아니다... 어릴때 엄마가 해주신 동치미를
얼마나 쉽고 편하게 먹었었는지...
새삼, 엄마의 헌신과 그리움이 물밀듯
밀려왔다... 보고픈 그리운 나의 엄마...
요즘은.. 꿈에서 조차 보여주질 않는다...
저 하늘나라에서 나를 지켜보며,
나를 지켜주고 계실 그리운 엄마....
살아 생전에 효도해 드리지 못한게
참으로 많이 안타깝다...
엄마... 항상 고맙고... 많이 존경해....
이세상에 태어나, 엄마를 만난 인연이
나에게는 가장 큰 선물이었다고 믿어...
엄마가 아니었으면, 나는 지금 어떤 딸이
되어 있었을라나...
엄마... 보고 싶다.. 오늘은 내꿈속에
찾아와서, 지난번처럼 즐거운 한때를
보내주지 않으려우? 나! 엄마 냄새가
그립다......

ps. 오늘도 엄마에게 전화해 구시렁대본다. 이 보통의 대화가 너무도 평온하고 행복해서 불현듯 걱정이 된다. 내게도 그런 날이 오면 어쩌지. 이 당연한 대화가 당연하지 못한 날. 엄마가 너무너무 보고 싶은데, 그리워하는 거 말곤 답이 없는 날. 그런 날이 오면 그땐 정말 어쩌지.

1주년 이혼 기념일

 어찌어찌 살다 보니 이런 날도 왔다. 1주년 결혼기념일 대신 1주년 이혼기념일을 맞이했다. 두 명에서 한 명이 되었지만, 빈자리를 느끼고 싶지 않았다. 내가 좋아하는 것들 모아서 초를 켜고 플레이팅 했다. 꽃다발은 사진으로 남겨두고 꽃병에 얼음물을 담아 꽂았다. 백석동에서 사 온 '방콕'이란 이름의 케이크는 검은색 테이블에 색감을 더해줬다.

 케이크 설명이 담긴 종이를 읽어본다. **'클레어 파티시에의 디저트가 당신의 하루를 특별하게 만들어주길 기대합니다.'** 글자마저도 나를 위로하는 기분. 약간 센치해지려는데 진주가 케이크에 코를 대려는 순간 현실로 돌아왔다.

작년 여름을 떠올렸다. 목 놓아 울기만 해도 모자란 내 마음을 애써 누르고, 온갖 이성을 끌어다 이혼 정리를 마친 내가 가여워 꺼이꺼이 울었다. 죄송하다는 말만 반복하는 그 친구가 죽을 만큼 미운 동시에 또 가여워 한참을 울었다.

 2023년 6월 27일, 정확히 기억나진 않지만 어렴풋이 두 시간. 2020년 4월에 만나 울고 웃었던 '우리'의 3년이 그 두 시간으로 끝이 났다.

 그 끝으로부터 딱 1년이 지난 오늘, 너는 그날을 어떻게 기억할까. 1년이란 시간을 어떻게 살아냈을까. 나에게 정말 미안했을까, 너도 나만큼 힘들었을까. 시시때때로 너를 떠올려 미워하던 나였다. '나보다' 못 살기를 바랐고, 같은 하늘 아래 살고 있다는 사실만으로도 분이 풀리지 않는 나날들이었다. 많이 무뎌진 것 같아 너와의 결혼사진을 정리하던 날에는, 다시 떠오르는 기억에 울다 지쳐 잠들곤 했다.

 평생을 이 마음으로 살아갈 줄 알았는데, 이제 응원까진 아니더라도 '네 앞날이 나와 무관해진 날'이 드디어 왔다. 스물아홉 결혼, 그리고 스물아홉 이혼. 이혼하면 인생 망하는 줄 알았는데, 이혼 한 번으로 인생이 망하기란 그리 쉽지 않았다. 이따금씩 주눅 들 것 같은 날이면, "이혼. 너 뭐 돼?" 해 버리면 된다.

 이혼 1주년, 뭐 썩 유쾌한 기념일은 아니지만, 꽤나 힙하다고 생각하련다.

@clair.patissier

재철 재료로 만드는 케이크들에 사장님의 고민이 묻어있다.
이 케이크에는 무려 수박과 고수가 어우러지는데,
상상하는 순간부터 즐거움이 시작된다.

이 동네에서는 유독 눈이 즐거웠다.
지나가는 사람들이 저마다의 멋으로 가득했기 때문에!

세상에는 멋있는 사람이 왜 이리 많은 걸까.
여행지에서는 이런 사람 구경 또한 즐거운 여행이 된다.

@hellokristof

라테도 맛있고, 친절했던 카페.
커피 홀짝이면서 사람 구경하던 그때가 그립다.

LUPITA
pizzaria

DRINKS / BEBIDAS

VINHO / WINE

Zuzuna	5/24
verde / green	
Apelido	5/23
branco / white	
Le Pech d'André	5/23
branco / white	
Tandem	6.5/30
tinto / red	
Desalinhado	6/28
tinto / red	

CIDRAS / CIDERS

Poiré Authentique	5.5/23

CERVEJA / BEER

MUSA Blondie (DRAFT)	2.5
MUSA IPA	4

HARD KOMBUCHA (4% abv)

Gmmi hibiscus & berry	4.5

COCKTAILS

maguary sour
sweet and tangy with a hint of spices
vodka, passion fruit, tonka, ginger

pink street
refreshing, citrusy and elegant
gin, basil, cranberry bitter

berry loves lemon (0.0% abv)
juicy and tangy without the buzz
lemon, strawberry

~~**bloody dal**~~
~~savoury~~
~~vodka, tomato, soy sauce, spices~~

SOFT DRINKS

água 37.5cl
water 37.5cl

~~água das pedras 25cl~~
~~sparkling water 25cl~~

coca-cola 33cl

coca-cola zero 33cl

leave your review
@ lupita.pizzaria

Producers
Paulino Horta, Alenquer | Ortodoxo, Setúbal | Boccancino, Lisboa | Näm Mushroom, Lisboa | Pedro Zambujal, Zambujal | 3ES, Extremoz | Laborete, Ourique | Os Goliardos, Lisboa | MUSA, Lisboa

---

WELCOME
PLEASE WAIT
HERE TO
BE SEATED

@lupita.pizzaria

천연 누룩 피자집.
유럽 50위 순위권 내에 드는 곳으로, 마르게리따가 쫀득쫀득!
아무래도 대기 시간이 길으니, 여유로울 때 가는 걸 추천한다.

이날 남녀노소 피자를 기다리고 있었는데, 한 아저씨가 눈에 들어왔다.

정장 차림에 오토바이를 탄 모습이 너무 귀여우셨는데,
나도 이런 어른이 되고 싶다고 생각했다.

1시간이 지나서야 먹은 피자는 식어도 맛있었다.

실패 아님! 절망하지 마!

 여행을 가면 꼭 카페는 원 없이 다녀오는 편이라, 카페를 몇 군데 찾아놨었다. 오늘 가려는 곳은 부라타 치즈 크로와상을 판다길래 아껴놨었는데, 드디어 가 본다.

 구글 지도를 보니, 마감 시간이 1시간 30분밖에 남지 않았다길래 부랴부랴 출발했다. 열심히 걷다 보니 'A certain cafe'가 보였다. 포르투에서는 보기 힘든 화이트 계열의 인테리어와 통창이 정말 예뻤다. 카페에 들어서려는데 한 커플이 너무 예뻐 얼른 필름 카메라에 담고는 카페로 들어섰다. 이런 찰나의 순간이 나를 정말 기분 좋게 한다.

거리가 잘 보이는 자리를 골라 가방을 두고 나니 또 기분이 좋았다. 한갓진 오후에 포르투에서 먹는 브런치라니. 나는 친절한 직원과 짧은 인사를 나누고 주문부터 했다. 그런데 직원이 오늘 주방은 마감됐다며 음료만 가능하단다. 그것도 해맑은 미소를 지으며. 하하하. 뭐 별 수 있나, 땡볕에 걸어온 시간이 있지. 그리고 다시 돌아가자니 발바닥이 너무 아파, 일단 시원한 라테 한 잔을 시켰다.

시원한 카페에 앉아 바깥을 바라보고 있자 아이스 라테가 나왔다. 이 여유로운 카페에서 휴대폰을 보자니 뭔가 바보짓 같아 읽을 책이라도 가져올걸 후회한다. 그러다 엄마 일기장이 생각났다. 늘 가방에 넣어 다녔는데 지금 읽으면 딱이겠다 싶었다. 문득 어렸을 적 엄마도 이런 하루가 있었을까 궁금해지기도 하고.

2012. 千斤.
Non mollare!!
Non disperare!!
호정!! 승정!!!!

Non mollare!

Non disperare!

긍정! 긍정!

번역해 보니 실패 아님! 절망하지 마! 정도 되는 말이 쓰여 있었다. 순간 엄마가 내 상황을 지켜보고 있는 것만 같아 웃음이 났다. 아무렇게나 펼친 장이 이런 내용이라니. 그 우연이 신기했으며, 또 궁금하기도 했다. 2012년 7월 17일 엄마는 어떤 하루를 보냈는지. 어떤 하루였길래 이런 일기를 적어둔 건지.

마음도 편해지고 기분도 좋아져 이제야 카페를 둘러본다. 창가 쪽에는 한 남자가 책을 읽고 있고, 옆 테이블 사람들은 저마다 작업 중이었다. 그 예쁜 커플의 대화 소리는 은은하니 좋았고, 지금 내 앞에는 카페 사장님이 강아지를 쓰다듬고 있다. 그때 한쪽 귀에만 꽂았던 에어팟에서는 내가 좋아하는 노래가 흘러나왔다.

두고두고 기억될 행복한 순간이었다.

ps. 여행이 끝나고 스캔한 사진 파일을 'A certain cafe' 인스타그램 계정으로 보냈는데, 그들의 사랑스러운 답장에 오늘 하루 시작이 좋다. 그 행복했던 카페 풍경이 슥 지나갔다. 이 모든 건 실패도 절망도 아닌 그날의 발걸음 덕분이겠지.

@acertain_cafe

가벼운 디쉬와 와인을 함께 판매하는 듯 하다.
라테 한 잔만 마시고 온 게 아쉽지만,
아쉬워야 또 가니까.

실패 아님! 긍정 긍정!

@chezcroissant_pt

이른 아침부터 문을 여는 곳.
버터 맛이 진하고 정말 맛있다.

가게에 도착하기 100m 전부터 온통 빵냄새로 가득했는데, 정말 그립다.

여행지에서는 늘 하루 시작이 빨라진다.
내 침대가 아니라 불편해서 그런 건지, 조금이라도 더 여행하고프 욕심 때문인지.

그런 날이면 이 가게를 찾았다.
아침 8시부터 나를 반겨주는 크루아상 집이라니, 하루 시작이 근사해지곤 했다.

남들처럼, 남들 다 하는, 남들만큼만

여행 내내 남들을 바라보고 관찰했다. 남들은 어떻게 여행을 즐기는지, 어떤 옷을 입었으며 또 어떤 표정을 짓고 있는지. 과연 행복한지, 아님 조금은 우울한지. 그러다 보면 모든 시간이 거꾸로 갔다. 특히 모루 정원에서 바라보던 노을 앞에서는 시간이 더 거꾸로만 갔다.

내가 어쩌다 이 자리에 혼자 있게 되었는지. 평생을 함께하자던 그 녀석은 지키지도 못할 약속을 왜 했는지. 나는 큰 걸 바란 적 없는데. 그냥 남들처럼만 살고 싶었을 뿐인데. 이런 생각이 꼬리에 꼬리를 물면 예쁜 노을도 아무 소용이 없어 그냥 숙소로 돌아오곤 했다.

여행이 시작보다 끝에 가까워질 즈음, 나는 호스텔에 머무는 시간이 많아졌다. 이만 보씩 걷는 일정이 고되기도 했고, 생각 없이 창밖을 바라보거나 여행을 정리하는 시간이 필요했던 것 같다.

하루는 숙소 후기나 올려보자 싶어 숙소 내부를 여기저기 구경하는데, 낡은 노트가 눈에 띄었다. 호스텔을 다녀간 사람들의 방명록이었다. 한국인에게 유명한 숙소라서 그런지 한국말이 꽤 많이 보였고, 몇 개 훑어보니 너무 재밌어 자리 잡고 읽기 시작했다. 누구는 퇴사, 누구는 졸업, 누구는 신혼여행 저마다의 이야기가 적혀 있었다.

성별도 나이도 몰라 귀여운 방명록들이 많았다. 사랑하는 사람들 이름을 적은 유치한 낙서부터, 호스텔 직원이 머리끈과 약을 빌려줘 고마웠다는 다정한 편지까지. 그러다 한쪽 모퉁이에 적힌 글에 시선이 멈췄다. 삶이 싫어 떠나온 포르투에서 많이 위로받고 간다는 글.

그때부터 방명록을 더 자세히 읽어나가기 시작했다. 엄마와 함께 오자고 약속한 포르투를 혼자 오게 되었다는 글, 작년 무지개다리 건넌 강아지 이름 옆에 귀여운 하트, 세 번 만에 꿈꾸던 직장에 합격했는데 한달 후 취소 메일을 받았다는 글까지.

  분명 모루 정원에서 함께 야경 봤던 사람들일 텐데. 분명 내가 부러워했던 남들 중 하나일 텐데. 보이지 않아도 다들 저마다 사연이 있었던 걸까. 과연 그간 내가 부러워한 남들은 누굴까. 나도 누군가의 남들이진 않았는지. 어쩜 우린 '남들'이란 이름으로 스스로를 괴롭히고 있는 건 아닌지. 실은 세상 어디에도 없을 그 '남들'이란 이름으로.

ps. 기억나는 방명록이 하나 있다. 남들 다하는 결혼, 마흔에는 할 수 있을 줄 알았는데 또 혼자 왔다는 글. 언니인지 오빠인진 모르겠지만, 너무 귀여워 웃음이 났다. 나는 남들 다하는 거 해보긴 했으니 다행이라고 해야 하나. 또 웃음이 난다.

Dom Ginjas

Dom Ginjas

447

AL

HOT DOG - 3€
CHEESE & HAM TOAST - 3€
MEAT CAKE - 2€
CODFISH CAKE - 2€

에필로그

 두 쪽짜리 글이래도 껍데기 있음 책이고, 만드는 내내 나만 즐거우면 되는 거라던 그녀의 응원에 힘입어 진짜 책이 되었다. 연희동 지하 책방에서 독립 출판 첫 수업을 들은 게 엊그제 같은데, 벌써 에필로그를 숙제로 받는 날이 왔고, 엄마 품에 얼굴 묻고 울던 내가 출판을 기다리며 설레는 날도 왔다. 어떤 말로 마무리해야 할지 모르겠는 이 책의 마지막 장에, 모든 순간이 좋았다는 말밖에는 할 말이 없다.

파자마 바람으로 걸어 다니던 돌길, 아침마다 호스텔 앞 카페에서 마시던 라테 한 잔. 공원 벤치에 앉아 몇 시간이고 사람 구경하던 낮과 3유로 와인 한 병이면 세상 행복해지던 모루 정원의 밤. 머나먼 타지에서 여행자로 만나 나눌 수 있던 대화들, 짧은 만남이었지만 오래 기억되는 사람들. 이 책에 다 담지 못해 아쉬울 뿐이다.

참 별로라고만 생각했던 2023년마저도 그 나름대로의 의미가 충분했구나 싶은 게, 잘못 탄 기차치고는 꽤나 근사한 여행이었다.

샌드맨 호스텔에서는 다양한 사람들과 조식을 함께 했다.

노트북으로 일하는 사람, 옆 사람과 담소를 나누던 사람.
성경을 읽으며 하루를 열던 사람, 휴대전화만 보던 사람.
일기인지 편지인지 무언가를 열심히 쓰던 사람, 책을 읽던 사람.

그중 가장 기억에 남은 장면을 사진으로 남겨왔다.

내가 본 외로움 중에 가장 완벽했달까, 너무 닮고 싶던 장면이었다.

진짜 에필로그

2024년 9월 30일, '광주 동부 경찰서, 062-XXX-XXXX. 박지혜 경사'

오늘따라 신고가 많았다. 마지막 신고까지 마치고 겨우 지구대로 들어오니 나를 찾는 전화가 왔었다며 포스트잇 한 장이 붙어있다. 광주? 광주우? 과앙주? 아무리 생각해도 광주와는 연이 없는데. 나도 경찰이지만 경찰서라는 말에 괜히 쫄려서는 전화를 건다.

경 : 네, 광주 동부 경찰서 민원실입니다.
나 : 안녕하세요. 저 박지혜 경사…. 라고 하는데…. 저를 찾으셨다고 해서….

소심한 자기소개를 하자, 반대편에서는 반가운 목소리로 입을 열었다.

경 : 아, 안녕하세요. 드디어 통화를 하네요. 다름 아니라, 얼마 전에 어떤 분이 경찰서에 오셔서는 박 경사님을 찾으셨어요.

나 : 저를요?

경 : 네. 박지혜 경사님을 찾더라고요. 명절 전부터 세 번 정도 연락을 드렸는데 휴무시더라고요. 그래서 오늘에야 전하네요. 아, 그분이 박경사님과 여행을 함께 했다고 하시던데.

나 : 저랑 여행을요?

경 : 네, 여행 중에 큰 도움을 받으셨다고. 그 독일 뮌헨이었나. 어떤 비행기 티켓을 들고 오셨었는데.

나 : 아!

할아버지였다. 할아버지는 지난 명절즈음 경찰서 민원실에 오셔서는 말 대신 글자를 내미셨다고 한다. 자신이 도움받은 경찰관이 있는데, 꼭 좀 말을 전하고 싶다고. 내 고향이 밑에 지방이었다는 말이 기억나 추석이면 내려오지 않을까, 그럼 얼굴 한 번 볼 수 있지 않을까 싶어 와보셨다고. 구겨진 비행기 티켓까지 들고 오셔서는 우리가 만났던 그날을 설명하셨다는 말에 그만 눈물이 나고 말았다.

바쁜 하루를 마치고 퇴근하는 길, 온통 할아버지 생각뿐이다. 할아버지는 북유럽 여행을 잘 다녀오셨는지. 그 긴 여행 끝에 어떻게 내 생각을 해주셨는지. 그동안 잘 지내셨는지, 또 요즘은 어떻게 지내시는지.

그날 할아버지는 전화번호를 남기지 않으셨다고 한다. 자신이 장애가 있어 어차피 전화 통화 같은 건 하지 못하니, 그저 고맙다는 말만 꼭 전해달라고. 일상으로 돌아와 점점 희미해져 가는 여행이었는데, 이렇게 다시 선명해진다. 비좁은 이코노미석 나란히 앉아 연필 번갈아 가며 대화하던 그날이 너무너무 그립다. 정말 너무 그립다.

'하늘에서 조각구름이 맞나는 인연'. 오늘따라 구름이 참 예쁘다.

Lufthansa

BAGGAGE IDENTIFICATION TAG

BAK/JIHYE 01

TO LJS LH 1780/10

VIA MUC LH 0719/10

VIA

0220   482356

LH 482356

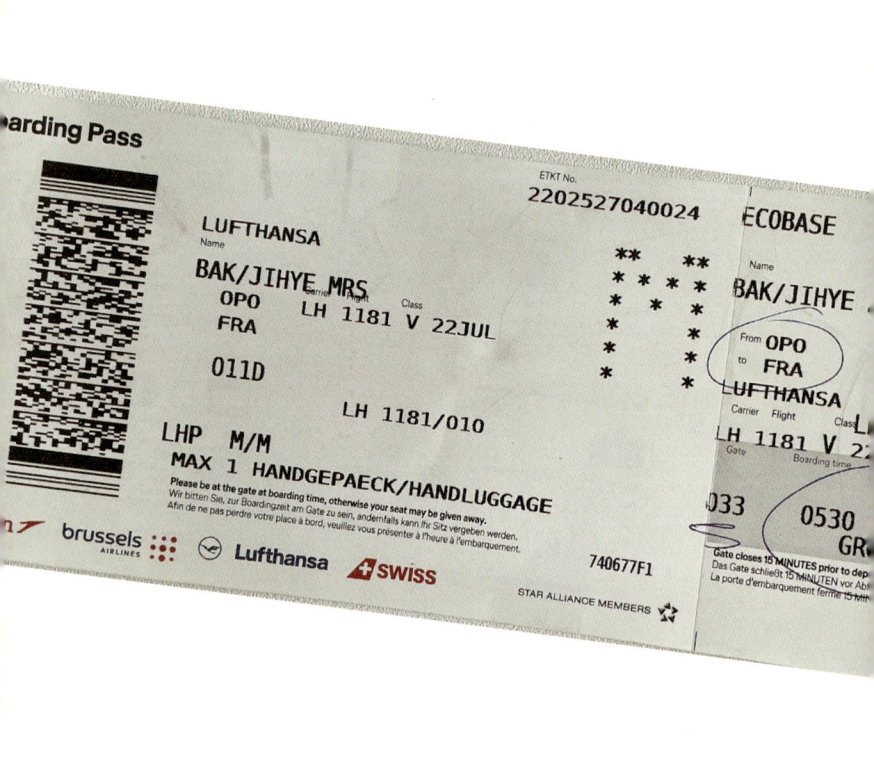

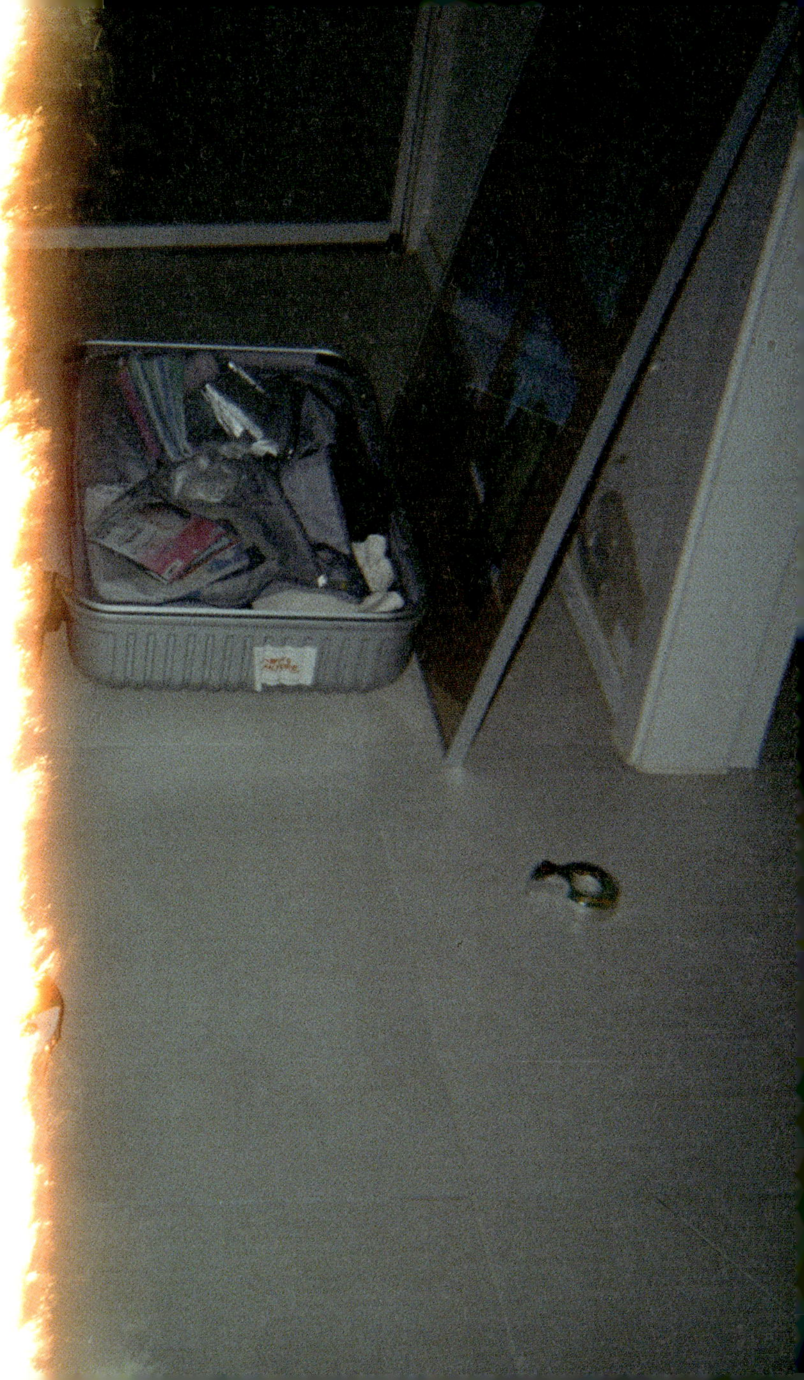

여행 막바지, 포르투 공원에서 귀여운 어르신들을 봤다.

앉아 있는 모습만으로 이렇게 귀여울 수 있는 건지,
초록색 숲에 빨간색 벤치는 또 왜 이리 동화 같은지.

나도 어떤 날엔 무진장 귀여운 어른이 되어있을지,
그날에 추억하는 지금 내 모습은 또 얼마나 귀여울지.

정말이지 잊지 못할 여행이었다.

때로는 잘못 탄 기차가
목적지에 데려다주기도 하니까

ⓒ 2024. 진주언니 all rights reserved.

초판   1쇄 2024년 10월 30일
       2쇄 2024년 11월 18일

글 사진   진주언니
표지 그림   유지은
인쇄   금비피앤피

인스타그램   @oncelife.jh
전자우편   oncelife_jh@naver.com

발행처 인디펍
발행인 민승원
출판등록 2019년 01월 28일 제2019-8호
전자우편 cs@indiepub.kr
대표전화 070-8848-8004
팩스 0303-3444-7982

정가 18,800원
ISBN 979-11-6756626-3 (03810)

이 책은 저작권법에 따라 보호받는 저작물이므로 무단 전제와 복제를 금합니다.

* 출처 관련

- p.30-31. https://free2world.tistory.com/1962. 김민식 pd 블로그 [공짜로 즐기는 세상]

- p.51. https://blog.naver.com/lifeisntcool/220277185788 이동진 평론가 블로그 [언제나 영화처럼]

* 책값은 뒤표지에 있습니다.

* 잘못 만들어진 책은 구입하신 서점에서 바꾸어 드립니다.

** 이 책의 전부 또는 일부를 이용하려면 반드시 저작권자의 허락을 받아야 합니다.